AVERSO

PROXÉMICA

L. Ramón García del Pomar

Número 45 de la Colección **PERVERSA**

Proxémica

Edición al cuidado de Averso Poesía
www.aversopoesia.com

Primera edición: febrero de 2025
ISBN: 978-84-129987-2-6
Depósito Legal: GR 267-2025

Impreso en España - *Printed in Spain*

El papel utilizado para la impresión de este libro está calificado como papel ecológico y procede de bosques gestionados de manera sostenible.

PROXÉMICA

L. Ramón García del Pomar

Siempre a mis padres, María Antonia y Ángel.
Con amor a mi hija Daniela
y a Sonia Estévez Pico "Aruna Nisad".

PRÓLOGO

¿Qué es este libro? Pues no lo sé muy bien. Como pocas veces me quedo ante sus páginas, estupefacto. En un principio algo descolocado, un tanto ajeno al pensamiento riguroso que suelo procurar seguir, en busca de los tantas veces estériles frutos del imperio de la razón.

¿Es poesía? ¿Es relato? ¿O quizás otra cosa? Se habla aquí de proxémica, la que el antropólogo Edward T. Hall instauró en 1963 para «medir y clasificar las distancias medias de las personas entre sí». Pero enseguida nos vemos invadidos por la fuerza de unos versos un tanto alucinantes. Sí, pensamos, sin duda esto es un libro de poemas, y además poemas muy sinceros. Hay momentos de prosa, pero todo alcanza su propia coherencia interna.

Lo cierto es que nos encontramos ante una desgarradora afirmación del Ser. En todas sus acepciones y concepciones. Digo desgarradora porque el yo del que escribe se desgarra ante nosotros con una vehemencia incontenible como si quisiera acabar con todo lo establecido.

Hay rabia a veces, expresiones subidas de tono, quizás porque nos encontramos en un itinerario de libertad, sin secretos ni culpas. Porque se puede hablar de un gilipollas y es poesía, decir estupideces y que estas conformen la piel de un poema. Ser todo lo más inepto, un imbécil, un egoísta, un envidioso, y quedarnos tiritando ante la capacidad subjetiva del que escribe. Es lo que puede suponer la distancia entre las personas. Sangre y miedo. El poder de las distintas relaciones que acaban por colocarnos ante nuestra intimidad más esquiva.

Y hay episodios turbios en los que el poeta ejerce como sacerdote de todos los abismos. Lejos de las palabras complacientes se hunde en un sinfín de contrasentidos, despojándose de todos los conceptos establecidos, como si quisiera crear una nueva realidad, un ¿quién soy yo? que todavía desconoce. Sabe que la mentira es la trampa más infame, sabe lo fácil que es perderse en los numerosos vericuetos del destino, el camino feroz que se agita entre tantos huracanes.

Y de repente el ritmo se transforma y se convierte en prosa y nos traslada al año 1972 para contarnos una historia, una historia que bien podría ser una novela o que tal vez solo sea la crónica de unos tiempos inciertos, cuando tantos jóvenes quedaron enganchados reclamando su libertad. En muy pocas palabras, el reflejo de unas vidas cuando el invierno estaba dentro de casa y el verano era una fulgurante estrella de *rock*. Imágenes fugaces como *flashbacks* en una pantalla: los grises persiguiendo a porrazos a los estudiantes que reclaman a pedradas un mundo nuevo, la reina de Chutes con su azul sonrisa, el hachís, la heroína, el sida, los atracos a bancos, Rock-Ola, la lucha a cuerpo descubierto contra todos los engaños del poder. Un mundo fascinante que desfila ante nuestros ojos con sus peligrosos brillos y el temblor de lo intensamente vivido.

Pero es tan solo un interludio, un apunte sobre la necesidad de contar, de huir del silencio para evitar las huellas del olvido. Y ahora vuelve la poesía, vuelven los intrincados laberintos de la imaginación. Quizás un deseo de desprenderse del cuerpo para disolverse en la materia universal.

¿La poesía como salvación? No, la poesía como expresión, como revuelta, una revolución que nos permita huir de los sueños más sombríos. Y en realidad este descenso a los infiernos del Ser, este viaje a los confines del deseo, ¿no será acaso un intento desesperado de llegar a la integración absoluta de uno mismo? Un camino de perfección a través de todas las imperfecciones que el mundo nos ofrece. Para liberar el espíritu del peso de lo soez, para llegar al lugar en donde la existencia encuentre su plena armonía, allí donde el origen es el fin.

El yin y el yang haciendo el amor, apareándose. *Proxémica* figura en días separados, donde aquí es allí. Nada más. La belleza, el amor. Acaso el impulso de ser libre si alguien se ofrece a anidarte entre sus brazos. Sonando, soñando, bajo la luna del esturión, con la mochila al hombro cargada de esperanza. Héroes de alguna parte en donde duermen los grandes peces.

Miguel Losada

«El pensamiento griego se ha acorazado siempre en la idea de límite. No ha llevado nada hasta el final —ni lo sagrado ni la razón—, porque no ha negado nada: ni lo sagrado, ni la razón. Por el contrario, nuestra Europa, lanzada a la conquista de la totalidad, es hija de la desmesura. Niega la belleza, del mismo modo que niega todo lo que no exalta. Y, aunque de diferentes maneras, no exalta más que una sola cosa: el futuro imperio de la razón. En su locura, hace retroceder los límites eternos y, enseguida, oscuras Erinias se abaten sobre ella y la desgarran. Diosa de la mesura, no de la venganza, Némesis vigila. Todos cuantos traspasan el límite reciben su castigo».

El exilio de Helena. ALBERT CAMUS

Proxémica. Las distancias humanas que establece el pensamiento

Antes de adentrarme en mi subjetividad sobre la proxémica y que en esta obra voy a ejercitar vía poesía y relato, calentemos motores haciendo un breve repaso sobre la ciencia que estudia al ser humano de un modo integral, la antropología.

La antropología demanda distintas instrucciones, instrumentos y conocimientos rigurosos. Para ello contamos con la experiencia que aportan las ciencias sociales y las naturales, siempre tratando de producir enseñanzas sobre el ser humano en su evolución biológica, desarrollo, modos de vida, estructuras familiares y sociales, recursos utilizados para la comunicación y la diversidad de nuestras expresiones culturales y lingüísticas. Facetas de una especie, nosotros, que ha venido necesitando de distintas especializaciones. Ciencias independientes, de diálogo continuo entre ellas, que a su vez se han diversificado en numerosas ramificaciones, tal vez solo por la necesidad de descubrir al monstruo que cada cual lleva adentro.

Hago mención a la teoría de la evolución, base que dio origen a la antropología primigenia como ciencia que analiza el origen y la evolución de toda variabilidad humana a través de los tiempos, es decir, del proceso biosocial de nuestra especie animal. Está flagrante en todo individuo y en toda agrupación social, ya que ninguna de las dos entidades puede sobrevivir aislada y siempre será en relación con otro u otros. El hombre, en lo que tiene de ser humano libre, vive en un ser sujeto a su subjetividad moral. En cambio, se dice que nuestra existencia cosificada —o, como la llama Sartre, la factibilidad del para sí—, por su dimensión como cosa, está sujeta a los perfiles de la objetividad.

Mi base empírica me lleva al pensamiento de Aristóteles, gran estudioso de la biología, que en sus análisis filosóficos consideraba que un árbol de roble, como miembro de una especie, tiene mucho en común con todos los robles de reproducciones pasadas y con todos los que brotarán. Su universalidad, lo que le da la esencia de roble, es una parte de él; pero ningún roble es idéntico a sus pares en grado absoluto, por lo cual cada roble es particular. Diría que Aristóteles postulaba con mucha más insistencia que Heráclito o Platón sobre la importancia de conocer el mundo sensible. Es lo que le llevó a la conclusión de que un biólogo puede estudiar robles y aprender sobre su esencia, encontrando el orden inteligible dentro del mundo sensible.

Y volviendo a nuestra condición de seres y cosas, a los compuestos que intervienen para el desarrollo material y ético, ¿no son variables estos compuestos, según las distintas emociones personales e interpersonales y la expresión química de cada interpretación que sea representada de una forma sutil o que pertenezca a la existencia o experiencia ya hecha y vivida? ¿Acaso nuestra particularidad individual no está condicionada también por la materia cosificada en la subjetividad de cada ser-cosa que nos rodea, estemos interaccionando de una manera consciente o no? ¿No pertenecen a una misma universalidad el mundo orgánico y el inorgánico?

Nadie mejor que el antropólogo peruano Carlos Castaneda para referir esta circunstancia que permite la conmutación hacia mundos paralelos. Cuenta la experiencia que vivió su cuerpo sutil, el nagual, adiestrándose en el desprendimiento de su masa corpórea y mal desenvolviéndose en el altamente absorbente compuesto inorgánico de la materia universal, mientras su sujeto permaneció afectándose por las consecuencias descontroladas en el propio cuerpo orgánico, abandonado por la praxis errátil de la conciencia durante el ejercicio. Me permito insistir en que, aunque nuestra conciencia divague y no seamos conscientes del funcionamiento mecánico del cuerpo que la sustenta, este volumen que ocupamos y que es cosa se rige, igualmente, por los distintos estados psicofísicos que transitemos y los productos que por ello se generen desde el sistema endocrino que nos da el ser.

Desde luego que cada cual, de una manera temporal con relación al sí mismo siempre variable, experimentará según la instrucción de su condición física, intelectual y abstracta. Y démosle valor a considerar que en nuestra droguería interna se producen alrededor de 500.000 reacciones químicas por minuto. Como dijo Heráclito: Todo cambia, nada permanece igual. Nadie se baña dos veces en la misma agua del río.

Si el humano solo es un cuerpo entre cuerpos y la libertad surge por nuestra necesidad de superación;

si labramos el propio ser para tener un sujeto que nos defina ante el vértigo de no tener Soy, si la muerte es tan inevitable como el nacer y el óbito final nos convierte, tras la posterior descomposición, en algo anclado y desprovisto para nuevas posibilidades, ¿qué decir de un sujeto cuya parte de él no va más allá de las cosas? ¿Lo hará su subjetividad, la conciencia?

Estamos ante dos representaciones contrastadas por la ciencia: la que Platón atribuyó a Heráclito y la que Castaneda dijo experimentar. Sobre la primera ya no caben dudas para la ingeniería clásica. En cuanto a la segunda queda mucho por hablar entre los más pragmáticos de la física y, menos, entre los caminos de la mecánica cuántica.

Y me pregunto: en la heráclita, donde todo cambia, ¿qué ritmo sigue la transformación de la materia con relación a nuestra capacidad de apreciación subjetiva e irreal? En cuanto a *Las enseñanzas de don Juan*, narración presuntamente vivencial de Castaneda, mi pregunta, refiriéndome a la labor de las llamadas neuronas espejo y al empirismo del antropólogo con respecto al nagual: ¿pudiera tratarse de lo facilitado por una misma herramienta, observada desde distintas corrientes científicas y por ello las dos sean embuste sin dejar de ser ciertas?

Para cerrar esta introducción y antes de entrar en el tema puntual que nos ocupa, la proxémica, hago unas últimas preguntas:

Cuando me comunico con alguien, ¿qué percibe la subjetividad de mi intercomunicador?, ¿depende de la distancia y el medio que nos enlaza? Y si la interpretación surge de su particular capacidad de abstracción, ¿acaso no lo convierte en una mentira que genera para su propia conciencia ciega? ¿Seguimos él y yo la rutina de algún ritual iniciático, de algo que como seres mediáticos nos adiestra en el costumbrismo de la comunicación y lo vivimos embaucados por la necesidad de satisfacer nuestro ego?

Así hemos llegado a la proxémica, ciencia que estudia nuestras relaciones personales e interpersonales en maneras e influencias.

De primera instancia, consideremos la instructiva necesidad de nuestra naturaleza para dar nombres y sustantivar. Es una conducta integrada en la voluntad evolutiva —de ahí que no todos alcancemos el mismo nivel intelectual— que pasa a integrarse en el sistema autónomo para cumplir con el compromiso del ahorro energético de nuestro cerebro, maquinaria que consume el 90 % del nutriente ingerido por la cosicidad objeto-sujeto. Poniendo nombre a los seres y cosas y dándole un verbo a las circunstancias situamos con mayor inmediatez nuestra mente en el punto a observar o en el tema a considerar, labores que establecemos para proteger el espacio personal y el pensamiento que surge abstracto y que pasa a manifestarse, ya sea por pregunta o afirmación, como un concreto.

Así, la Proxémica, término acuñado por el antropólogo Edward T. Hall en 1963, se utiliza para medir y clasificar las distancias mediales entre las personas mientras interaccionan desde sí y hacia sí. De ahí que la Proxémica se refiera a la disposición y abstracción que hacemos de nuestro espacio físico, de cómo y con quién desplegamos la intimidad personal.

(Continúa en la página 138)

N

Ante el éxtasis de una marea solitaria
el principio de mi camino quedaba lejos.
Comprendí que amor y muerte no son de la misma mano
pero sí pueden ser el ejemplo de un mismo vacío
o el acierto perverso de la experiencia.
Yo no sé refrenarme ante la utopía, no,
así es frecuente que caiga hacia el lado avieso.
Tal vez al principio todo fue luz, no lo recuerdo.
Y aunque un animal nunca se aleja de su pasado
solo queda en mi memoria las sombras que me cubrieron, sí,
las que esconde nuestra primavera amarga.
¡Ay, los deseos!
Que nada me acorte el perímetro de los afanes.
Igual que los amores necesitan aliarse con la belleza,
embaucado me vencí por un océano de abismos.
Lo cotidiano no tiene sustancia, creía yo,
solo es plena penumbra y total silencio.
Sorprendiéndote con mi engaño,
alejado de lo prohibido
me imagino a mí mismo viviendo la última oferta.
¡Ay! Cariño. Hay cariño. Ahí, cariño.
No es legítimo que continúes comunicándote conmigo.
Vivimos frente a la sociedad del buen gusto,
donde las mentiras se visten con voto de castidad
y los amigos te tocan con la rifa del escarmiento.
Por eso la marea solitaria me desprecia ahora,
observa que huye de mi olor a inquietud.

I

Palabras que se entretejen.
Conceptos de muchedumbre.
Substrato ancestral.
Podredumbre.
TERRITORIO DIARIO.
Piel natural.
Turba de filósofos.
Mentiras.
Saqueos relacionados.
Sangre.
Miedo.
Muerte.
Presencias en la pantalla.
Juego a imaginar que no soy un proyector de cine.

II

Cuando el tren me dejó en la estación
comprendí que mi soledad se inspiraba en la ceguera de
tu pasión.
Bien, me dije, déjale ir y
extrema el rigor de tu propia autoestima.
Fue tarea fácil.
Tengo tanta belleza para vestir de gala mi memoria
que aún conservo presentes mi canto de alma en flor
y la audacia de ser mujer.
Por salvar mi armonía,
desnuda agarré la mochila que contiene la mitad de mis
esperanzas,
la envolví en aquel tejido que me ofreciste de niñata
enamorada,
deseché los conjuros que compré en las librerías feministas,
también los de aquel bar donde el amor se brinda como
una celda sin velos,
le prohibí a mi cuerpo que se dejara arropar,
alcé mis muros contra los tesoros de tantos piratas con
parche de ansia al besar
y compré a muy alto precio mi virginidad.
Con la otra mitad de mis esperanzas,
las que siempre he salvado de toda indolencia,
pude atreverme a exponer mi voluntad sobre el fuego.
Tú me enseñaste que hay mentiras que se pronuncian
por sí solas
y poemas que se escriben cuando la verdad finge estar
muerta.
Así que desde que el tren me dejó en la estación,

tan solo quiero que mi mirada siga serena,
sentir la ternura intacta del amanecer,
vivir sin secretos ni malditas culpas,
que nada mutile mi libertad,
poderosa en la vida loca,
gota tibia para la sed,
espejo de la belleza
y amor.
Ninguna otra cosa.
Me basta la pulsión de mi sangre
para recordar que soy Fortuna.

III

Permítaseme exponer,
ávidos lectores en agudo interés por examinarme,
que ya me siento intimidado por ustedes.
No obstante, cada cual debe cumplir su misión.
El lector tiene que escudriñar
las causas que estimulen su perturbación,
lo mismo que yo he de dejarme llevar
por los impactos más significativos en mi mirada interior.
Estoy sensatamente inclinado a permanecer en mi estrategia
de salvaguardar la honestidad que atesoro
especialmente cuando actúo solo
y ante lo encubierto de mi incertidumbre.
Sepan que soy un niño desnudo y completamente anestesiado
por mi afán literario.
Inhibición y acatamiento son aún la heráldica de mi blasón.
Ya verán que mi honestidad,
advierto que, a veces, surgida del más puro ingenio,
será levemente acosada por alguna experiencia juvenil
y otras prácticas adultas tan fascinantes como depravadas.
También hay demonios que circundan mis emociones
para embadurnarlas con monstruosidades ajenas,
sorprendentes secretos que se esconden en la noche
y permanecen para velarse con el sol.
La llave de ellos para estas páginas son mis dedos.
Mis dedos están sobre el teclado
y en el asa de una taza de malta azucarada.
Durante las evocaciones y esquemas
a los que mi memoria vaya consagrando los insomnios
iré eliminando verso a verso todo rasgo superfluo de timidez
para sanarme de cada menoscabo que me oprima.

IV

La relación

entre el dinero

y

yo

se llama

Me Cago En Tó.

V

El cielo de mi boca,
cúmulo de inagotable perfidia,
no recuerda la osadía paladeada
ni el porqué de los contrastes.
Me buscas para que estalle indultos
sobre tu almohada.
Me encuentras entre la sistematización
de mi psicología
y la estética de los afectos aprendidos
para copular.
Así te remojaré las nalgas
y gotearé entre tus pechos,
entre tus labios,
entre tus dedos presionándome las ansias.

¿Por qué vienes?
¿Por qué quieres que llene de sangre
las calles del mundo?
Sabes que soy vulnerable
y me habita el fango
con el que preñaré tus entrañas.
Te irás.
Como el amor malogrado
vas a llorarme.
Y regresarás.
Mi cariño es un panal
de silencios vacíos y sueños estropeados;
ya has sentido lo que esconden.
En ellos no hay más tú

que la huella laborable de la lujuria.
La vida trazó su perpetuidad en los vestigios de roca ígnea;
hoy lo hace entre regueros de esperma.
Es lo que somos, huella de semen.
¿Sabes las veces que has eyaculado
aguas blancas?
Revive los lugares donde lo hiciste,
qué sentiste y con quién.
¿Recuerdas sus caras?
Háblame de las veces que te avergüenzan.
Aunque me hagas daño.

VI

Esto me ocurrió por idiota.
Y aquello lo perdí por imbécil.
Pues claro que soy gilipollas.
Mira que hago chorradas.
No digo más que estupideces
y me cago en la perra de tu madre.
Soy tonto.
Sin duda que un poco soberbio,
y egocéntrico,
y egoísta,
y narcisista,
y envidioso,
y androcentrista,
y avaricioso.
Soy un puto zampabollos
y más burro que un arado.
A la mínima salto y te doy dos hostias.
De cabrón tengo lo que tu padre.
¿Acaso no sabías que los lunes me follo a tu madre
y que hay días que me cago en tó lo que se menea?
Ya sabes de lo que hablo.

VII

Rojo por el hierro...
Negro por el carbono…
Azul por el cobre...
Amarillo por el azufre…
Verde por la esperanza...
Marrón por la heroína...
Y géminis por el amor…
Estos eran los eslabones
de tu cadena en el cuello,
sus colores.
Lástima que padecieras
de disonancia afectiva.
Duraste muy poco tiempo.
Tu huella es ahora el olvido
de los muchos labios
que te adularon
a cambio de las canciones
que compusiste para dejarlas
en la retina de nuestra tiniebla.
Te saciaste con los miedos que envenenan,
los que te atenazaron
en el último borde del olvido.
Tu historia,
presencia de campo abierto
bajo el ardor de la sangre,
se escribió con los rasgos
de tantas mudas orillas que te palpitaron.
Fuiste aquel grito que estalló
contra el sin aliento,

huella de episodios turbios
que te desangraron.
¿Recuerdas la lengua
que avanzó como ola sobre tu piel?
Fue cuando alcanzaste la noche que te rindió
a los rumores de la inexistencia.
Donde no quedan latidos para el guardián
del abismo.
Donde la heroína nos robó tu pulso.

VIII

Desde luego que yo no genero el cambio climático.
Desde luego que yo no contribuyo a la deforestación del planeta.
Desde luego que yo no pesco en los mares ni cazo en la tierra ni en el cielo.
Yo solo vivo en una parte del mundo y no vivo solo.
Yo solo me alimento en una parte del planeta y no como solo.
Yo solo arrojo mis residuos a los contenedores y no lo hago solo.

¿Qué murmuras?
¡Que te dejes de chorradas!
¡Coño, esto sí que es un misterio!
¿El qué?
No sé. Creía q...
¡Venga, callaros ya y hablemos de arte!
¿Y tú quién eres?
Yo solo me defino por lo que consumo,
soy una tía *perpetuum mobile*.
El misterio está en que los pobres voten
por el orden social que más les someta.
Saben que el *statu quo* es un arma inflexible
que les coarta la voluntad individual
y hace que sigan gobernados por los que embelecan.
Te he oído la tontería de que tú no generas el cambio climático.

¿No has pensado que eres como esos políticos
ofreciendo destruir el nuevo mundo,
a cambio de salvaguardar la tradición
para retornar a una edad subjetivamente dorada?
¿Creéis en lo vanidoso de un discurso con mejores
reformas sociales,
educativas, económicas y de igualdad?
La humanidad nunca ha disfrutado de esos valores
en práctica.
Me recuerdas a un niño con zapatos nuevos,
saltando de chaco en charco
y sin que la alegría le deje ver la sangre diluida en el
agua,
ni la tierra estéril que les separa.
Nuestra historia se mide por guerras,
la moneda corriente del patriarcado.
Estamos a punto de la autoaniquilación completa
y los geólogos predicen movimientos tectónicos
con grandes terremotos y erupciones volcánicas.
¡Joder! Tía, me has pillado en órsay y no sé qué decirte.
¿No querías que habláramos de arte?
¡Hum!

IX

Su mirada era tan dulce como la soledad deseada
y sus tiernos y armónicos ademanes
me retenían observándola tras los bastidores.
Embebido, eufórico y pasmado me hallaba yo
mirando a una mujer como el que contemplaba
la maravillosa configuración del universo.
Sentía curiosidad y magnetismo por ella,
me envolvía en la espiral de su danza.
Pronto comencé a advertir que las deidades
me transformaban en el ser de la bailarina,
en el interior de su imaginario.
Sus pausados y sensuales movimientos eran los míos
y me hacían tener la serenidad
que iba buscando para mi vida.

De repente, me vi sorprendido por ella y su sublimidad.
Desde sus labios angelicales me dedicó una sonrisa cómplice
y con la belleza de su mirada me lanzó ese amor no aclarado
y mezclado con la química.
Ese amor de ocurrencias felices,
que la razón lúcida no podía soltar de mi suerte.

Era nuestro primer contacto,
mi primer cara a cara con la musa que inspiraría mi
creatividad literaria.
Un comienzo de delicadas y sugerentes miradas cautivándose.

X

Nada subsiste,
ni tan siquiera el sabor de magdalena mojada
en el café caliente de aquel comedor
con olor a miedo.
Solo me queda la desdibujada imagen
del trucado lienzo con sacerdote avernal
que nos vigilaba.
Se van derrumbado las cosas del pasado antiguo
para dar hueco
a las que esperan en un impalpable poso de café.
¿Quién afirmaría que su destino está
bajo las inconsistentes gotitas de una taza de Duralex?
Cuando han muerto los seres decorados en negro,
aquellos que trataron de impregnar con semen tu
 verde esperanza,
las flores del jardín solo recuerdan que la muerte
 aguarda...
En la vieja casa gris con fachada a las calles del cielo,
para unos.
Detrás de la fábrica principal que construyeron sus
 padres,
para otros.
Para mí,
en el pequeño pabellón donde se recogen los
escombros inmateriales,
los que al mojarse vuelven a tomar formas,
a colorearse,
a sobresalir
para convertirse en flores chinas de Todo a Cien.

Hoy soy frágil.
Y más infiel que nunca.

XI

No siento pudor al confesar que a veces
añado a mis poemas frases estúpidas
de la verborrea política.
Soy un tipo convencido de mis ideales
y no temo al contagio de palabrerías con farsa.
Me inmunicé yendo a misa los domingos.
Entonces aún no sabía blasfemar
y creía que el sacerdote,
el presidente del Gobierno
y el marido de mi madre,
eran mis tres padres.
Uno por vía de Dios,
otro por llamarse padre de la patria
y el mío porque me contaba cuentos,
me cantaba canciones, me traía juguetes,
me llevaba de pesca
y me daba de comer hasta por la fuerza.
Veamos, como en el misterio de la Santísima Trinidad,
los tres tenían rango de Dios.
Qué sabía yo siendo tan pequeño para distinguir.
Llegó el día en el que comencé a llevar
siempre conmigo
el rosario que
por mi primera comunión
me regaló la abuela Felipa.
Claro que pronto aprendí a masturbarme,
incluso en misa.
No, no te preocupes, a esto último me instruí solo.
Y cuando mis dedos se hicieron itinerantes,

de tanto pellizcar las cuentas de aquel artilugio industrial
que vino manufacturado desde el Vaticano,
también me masturbaba rezando para ganar santidad.
No sé si con aquellas letanías y avemarías
alcanzaré el cielo,
pero estoy seguro de que,
gracias a lo que me enloquecían las pajas,
aprendí a cambiar de ideas tanto como de mano.
Trato de decir que, gracias a ello,
terminé harto de masturbaciones,
me he liberado de ideas fijas y evoluciono.
¿Estos son méritos para ir al cielo?

XII

En lo más álgido de la pureza

yo no fui solo yo,

tampoco tú solo tú.

XIII

—Parecen cuervos blancos.
—¿Qué te hace pensar eso?
—Es lo único que me ha destrozado la felicidad.
—Estoy segura, pero solo quería saber si estás pasando
un buen rato.
—Mujer, vaya preguntas. ¿Y ahora qué más quieres saber?
—Oh, basta ya. Has empezado tú.
—No, yo solo he dicho que parecen cuervos blancos.
—Primero has querido hablar de la muchacha de la cortina.
—Las cortinas son muy feas, no la muchacha.
— ¿Pero no ves que son sacerdotes en la santa misa?
—Ya. Tú me hablas del continente, yo miro su contenido;

recuerda que son los únicos que me robaron la infancia.

XIV

Buscándome en el silencio
hoja mecida por los brazos del recuerdo
rumor del momento acariciado
tiempo entregado a entregar
mis ojos de ayer madrugada
sueños que no se han perdido
virtud del niño que canta
río piedra
río piedra
río de alas y piedra
de par en par...

XV

No me lo preguntes.
Cualquiera puede ser ese desconocido
que evidencia mi felicidad.
No llevo conmigo ninguna prueba lógica;
solo el testimonio de su afortunada realidad.
Este Yo consigue desvanecer todas mis restantes ingenuidades,
el instante en que tomé la primera dosis de heroína,
las tantas veces que me traicioné después,
los hijos que no he logrado,
aquello que no seré.

Cuando no puedo apartarme de mis obstáculos,
cuando se me cansa el alma sin lograr un instante de bienestar,
lo importante es que aparece para que no me estorbe vivir.
Sin él caería bajo la distancia del desconcierto,
donde nunca es fácil alcanzar la superficie de la conciencia
y mis oídos no escuchan
y mi atención choca contra los ruidos de la memoria.
Y en ese arranque con el que pruebo a captarme
percibo la resistencia y el sabor de la distancia.
Ahí es donde atravieso la tentativa suprema.
Intento hacerme de nuevo.

Y luego, por tercera vez.
Incluso me hago el vacío frente a la incertidumbre
y vuelvo a poner la cara del primer amor,
el que no viví porque me mató.
Pido a mi alma un esfuerzo más,
que me traiga otra vez la sensación fugitiva.

Y al fin siento estremecerme por algo que se agita dentro.
El pensamiento me regresa al sabor más reciente de felicidad...
Y me encuentro con el asomo del mismo estado que me
acerca los indultos...
va ascendiendo lentamente...
Sin ninguna claridad pertinente aún...
Pero sé que es él...
El desconocido que me habita para salvarme.

XVI

No nos gustas.
No nos fiamos de ti.
La imparcialidad de tu rostro luce personalidad maleva.
Siempre petrificado.
Con sonrisa forzada.
Te presumes superior.
Tienes rasgos de psicópata.
Vives claramente al acecho.
Nos estudias con frialdad.
Careces de emociones.
Finges empatía.
Mientes.
¿Te sabes mal hombre?
Tu miedo te esconde.
Tu miedo te esconde.
Tu miedo te esconde.
Tu miedo me esconde de ti.
Tus miedos nos esconden de ti.
¿Qué temes de ti?
¿Qué temes que conozcamos de ti?
¿Qué temes de nosotros?
Consigues que no te queramos.
No sabemos qué escondes de ti.
No queremos la basura que nos das de ti.
Te tememos.
¡Vete a la mi...edo!

XVII

Creo que nunca hubo trampas más infames
y abrumadoras que las mentiras.
No era verdad lo que me contaba,
así lo decían su bigote y mi intuición.
Aquel rostro era la sobria certeza de la falsedad.
Conozco esos gestos que,
en apariencia,
son tan agradables y delicados
como la muerte que llega en la anestesia del sueño.
Líbreme el Mal de rasgos engalanados con alas multicolores.
Bajo esas plumas hay un entrecejo embarrancado
para esconder amenazas.
He tenido amistades de esta calaña;
demiurgos que para colmo hay quien se dice humanista.
Llevan la luz apagada y la alegría perdida;
así ocultan las sombras oscuras del silencio y el vacío
que delataría su congoja.
¿Por qué se hiere a un amigo?
¿Qué dolor arrebata el mentir?
Cuando una voz turba con su triste aplomo
es que en su timbre un suspiro clama.
¿En qué ciego delito se verá envuelto?
¿Empalidece en soledad?
¿Mentirá al amor cuando le abraza?
¿En verdad se estremece
cuando de su boca le da a beber?
Nada, no me digan nada.
Me estiro hacia mis sentidos
y las facciones lentamente se desvanecen.

Me espantan las mentiras.
Veo de lo que yo mismo sería capaz.

XVIII

Si lo importante de un cofre
está en lo que ocupa su vacío interior
y lo mejor que me espera en la muerte
se llama ausencia de soledad,
comprende que añore cuando,
subyugada por los rituales más primarios,
pude esconder mis limitaciones
donde usé mi cuerpo
para que lo mordieras
y me dio miedo beber otra copa más
para deslizar mis pezones
por el canalillo de tu engolosinamiento.
Es en este recuerdo donde hoy me detengo
para morir echando de menos nuestros entonces,
cuando solíamos masturbarnos juntas,
inagotablemente orgásmicas,
para revelarse el sonido de aquello que pareció mudo.

Hoy, como cada día y a cada instante,
imagino nuestra espaciosa y barroca habitación.
El sol entraba por la alta ventana de hierro forjado.
Jurábamos que el amor nos haría eternas.
Yo trabajaba en una babilónica casa de citas.
Tú eras la estrella más rutilante de la banalidad.

Ahora ya no.
Ahora ya nadie paga por mis cicatrices
ni tú eres la venerada de moda.
Estoy tomando un expreso, ¿quieres?

Trato de imaginarte desnuda,
como cuando creíamos que colmarse lo era todo
y aposté prepotente contra el vértigo del azar.
Ojalá que estas pequeñas confidencias
tuvieran cierta trascendencia y aparecieras,
aunque solo para reprochar mi huida.
Al menos la nostalgia nos diría
que una vez fuimos amadas y bellas.

¿Recuerdas el día que te pregunté
si estaría enamorándome de tu marido?
Respondiste, celosa,
hundiendo tus labios entre mi vulva empapada:
Por lo menos no
mientras yo te bese.

XIX

La leyenda de mi boca,
que ayer fue sabia,
hoy se viste enlutada de injusta ausencia.
La muerte no tiene nombre,
no tiene tiempo, no tiene edad,
solo plagia lamentos
donde el cuerpo se ciñe al silencio amargo.
Viste con mi amor su mirada castellana
y a sus inocentes labios que vuelva el verbo.
Sus pómulos de color rosa
se han vuelto pared de locura gélida,
canto de sueños desanimados
donde los dos ya no somos coincidentes.

Vístela con mi amor,
sin pisar sobre su lecho de arena,
sin el lamento de mi saeta,
sin mi vano alarde de tener sombra.
Y que ningún rostro se convulsione ante mí.
Que las células de los vivos hoy no me odien.
Que los animales no se retuerzan cuando los toque.
Que las mandíbulas hoy no tiriten por mi presencia.
Que las concebidas no rompan aguas cuando me acerque.
Mi traje cotidiano se ve teñido por el arcoíris de búhos
muertos
sin un sabio propósito de alegría.

Hoy, la belleza escucha con envidia lo maldito de mis
poemas

mientras que yo, desvalido,
ahogo el gemido para que más se quebrante mi soledad.
Dejaré pasar esa brisa que me viene inhumana, cruel,
tan despiadada como la tenebrosidad que agita mi
mismidad.
Despojado de Ella, de su lozanía primaveral,
de las estaciones que viviríamos entre la cadencia de
nuestras caricias,
de la pasión que se desataba entre nuestra humanidad,
solo me entrego a vivir entre el aullido de los valores
que no me quedan.
Hasta mi fin.
La vida se me ha hilvanado burla funesta.

XX

Rompiste.
Así me quedé, callada,
por el gesto de amor con el que me golpeabas.
¿Qué más decir
cuando una no puede ni maldecir?
¿Qué más implorar
cuando tu sed solo se calma
con un orgasmo vaciado en mi garganta?
Así una no puede hablar, solo puede llorar
para que las lágrimas rieguen tu impotencia.
Para que mi dolor
sea el triunfo de tu maledicencia.
Para que mi sometimiento
vista de gala tu virilidad.
Y luego me dirás que te perdone,
que tu amor es tan fuerte como las mil ilusiones
y que sin mí morirías.
¿No sientes vergüenza?
¿Acaso no ves tu miseria?
¿No ves que eres un cobarde a la deriva?
No eres nada.
Solo eres otra mueca de la vergüenza y la sinrazón,
la penuria del hombre frustrado.
No eres nadie,
vales menos que una caca.
Cobarde.

XXI

Aquellos pronombres con tilde que escupió la tarde
mientras mamá volvía la boca hacia adentro
como si huyera de las palabras...
Aquellos quejidos que recogía el aire para estrellarlos
contra un amor desterrado...
Aquella tarde…
¿A cuento de qué la existencia
me dejó sin ejemplos para responderme?
¿Y ahora?
¿Quién soy yo para odiar?
¿Quién soy yo para amar?
¿Quién soy para decir Yo?
Desde aquella tarde me siento el soldado que pela patatas
en un cuartel olvidado,
forzado a una guerra sin himnos,
donde soy el único vivo y el único muerto.
La verdad no es buena,
en ella no se pueden esconder las lágrimas.
Tampoco sedarlas.
Ni secarlas.
Si al menos mi madre me hubiera dicho lo que es el alma.
No tuvo tiempo.
El de los pronombres con tilde, dicen que se llamaba mi padre,
se abalanzó sobre ella y como bestia asesina
la arrebató de mi suerte.
Tras ello…

Por eso puedo opinar…
Sé lo que es vestirse de niño desnudo.
¡Cuán doloroso queda el camino hacia la felicidad del
abandono!
Hasta aquella tarde…
¿Acaso la vida no era mejor opción que la eternidad?
El principio del fin fue apenas un ligero dolor,
detrás vino la tristeza de sus ojos que me miraron.
Aquella tarde quedé registrado para mi desconsuelo
y para las estadísticas de la memoria social.
Aunque, desde antes de aquella tarde asesina,
ya desde que mamá volvía la boca hacia afuera
para decir «mama mi niño mama», soy una víctima más.
Desde que nací soy una víctima más.
Pero, aquella tarde que un mal hombre me hizo
huérfano…
Aquella tarde...

XXII

Ayer te vi en la cama de mi madre.
Ella, forzada, jugó con tu cuerpo alcoholizado,
con tu erección de macarra arrabalero,
con tu sonrisa de payaso mordaz
que parecías traer de algún infierno.

Hoy juego con tu cuerpo nacarado,
con tu atavío de asesino arrabalero,
con tu sonrisa de payaso mordaz
y pareces regresando a los infiernos.

¿Por qué mataste a mi madre?
Me huele a azufre vuestra presencia.
El mutismo es vuestro,
el dolor solo mío.
Maldita la sombra que te trajo
violando la oscuridad de su habitación.
Ella era una mujer incauta, traslúcida,
temerosa igual que yo de tu violencia.

Por eso tuve que arrebatarte de la vida
y amortajarte.
Me has convertido en un muñeco capaz de matar.
Lástima que fuera en sueños.

XXIII

¿Después del miedo, qué?
Sonrío y lo vuelvo a intentar.
Mientras, en la esfera de mis consideraciones se disputa la inocencia.
Mientras, en el marco de mis indagaciones acechan voces de alarma.
Mientras, en el recinto de mis saberes se debate la fragilidad
y en el salitre de la suficiencia se espulga mi petulancia...
Sonrío y lo vuelvo a intentar.
Mientras, se manifiesta mi intrascendible soledad.
Mientras, la patética temporalidad de mi existencia se aferra.
Mientras, se enredan los hilos que reivindican mi mascufemilinidad
y nunca soy el mismo salvo para los desasosiegos...
Sonrío y lo vuelvo a intentar.
Pero los contrastes del pensamiento me entumecen con razones.
Pero la lujuria del saber me arrebata las emociones.
Pero mi virilidad reposa en el estrato vital más infausto
y mi humilde cenicienta continúa sin vestido para el baile...
Sonrío y lo vuelvo a intentar.
Mientras, mi miedo. Mientras, mi miedo. Mientras, mi miedo.
Mientras, tu miedo me abre heridas imposibles de cerrar.
Sonrío y lo vuelvo a intentar.

Ahora que no me quedan mientras ni peros.
Ahora que la apertura de mi alma no es más que el
interior de una subjetividad.
Ahora que esta soledad me ha intensificado el desasosiego
y me obligo a estabilizar las apariencias...
Sonrío y lo vuelvo a intentar.
Desnudo entre el relativismo. Definidamente ilimitado.
Despierto ante lo que pudiera parecer un desafío a
mis entrañas.
Rescato ese trozo de la mujer que me llamó instinto
y siendo de la vida el mundo por ser trasmundo...

Sonrío y lo vuelvo a intentar.

XXIV

Los animales ignoramos

la cruel influencia

de lo que nunca seremos.

XXV

1972

Si inclino la cabeza, entorno ligeramente los párpados y miro a través de la ventana en dirección al Faro de Moncloa, entre los reflejos del sol me chispean destellos del año 1972.

Parece que otra vez regresen a mis pupilas aquellos días en los que por calles y aceras se veían depósitos de la dictadura, huellas que, para un niño asustado frente a cualquier televisión de la España en blanco y negro, simplemente pudieran haber significado la extraña imitación de una representación teatral. Era la función anticapitalista que diariamente interpretábamos durante la principal actividad universitaria; correrías contra la policía enarbolando consignas clausuradas por el régimen al que apoyaba una gran parte de la aburguesada sociedad.

Y, si en el afán por la supervivencia de nuestra especie, las primeras herramientas que creó el hombre fueron el palo, la piedra y la soga, estas mismas herramientas fueron adoptadas por el supermercado químico de nuestro cerebro y como dualidades las incluimos en el catálogo de armas de destrucción masiva. En aquel entonces, como emoción a defender con uñas y dientes y caiga quien caiga bajo el sórdido lema que justifica los medios ante todo fin, la inteligencia ya nos había llevado a descubrir la felicidad. Así nos hicimos creer que el amor, por ejemplo, era solamente un expósito acunado por labores inclusas que estaba ahí para ser adoptado según el antojo de quien transite con su particularidad egocéntrica.

A «la una, a las dos y a las tres: madre, que salga la niña, que va a perder». Esto es lo que escucho cantar a un grupo de niñas, mientras saltan a la comba en el parque del Oeste. Valores preestablecidos que nos inculcamos para creernos vencedores donde por nacer ya nos cantan vencidos. Signos que nos hacen presumir en un plano de superioridad, gracias a la pretendida moral que suponemos atesorar. No quieran los dioses que por culpa de estos créditos, por culpa de nuestra enajenada, irracional e ilógica deductiva, a cualquiera de estas niñas le esté aguardando la sin remedio, siempre camuflada en el buen amor de un mal hombre que trate de no romperse, de un individuo que se ofrezca a sujetar el extremo de la soga para irrumpir con su animadversión, desbocando lo opuesto al desgarrar rematando.

Continúo con mi mirada fijada sobre los tejados que me guían hasta el Faro de Moncloa. Demasiados edificios semejantes bajo el cinabrio cielo que comienza su atardecer. Ya no quedan chimeneas por las que antaño salía el humo de la Navidad; tampoco veo la silueta de aves revoloteando en busca del lugar donde guarecerse o para depredar a cualquier criatura que las sujete a la vida. La única actividad está más abajo, donde caían las brasas generadas por nuestra rebelión, donde se producían los chispazos en las armas que vomitaban balas de goma y que aún me golpean y queman desde el año 1972. Tiempo en el que el único faro que había, entre la calle Princesa y la Complutense, eran los grises persiguiéndonos a palo limpio o a porrazos, con sus sogas que eran esposas ansiando cerrarse en nuestras muñecas y con escudos forjados en el amor a la patria para no vencerse nunca. Frente a ellos e igualmente por amor para no vencernos nunca, nosotros reclamando libertad a pedradas. Junto a mí, siempre pendientes de protegernos el uno al otro, Paco Asensio, huérfano de un fontanero que no llegó a conocer. Su padre, igualmente Paco, murió por la tuberculosis que contrajo en los años de presidio, condena que hubo de cumplir sin más delito que el de haber jurado bandera bajo el mandato republicano. Falleció dejando viuda y madre de dos bebés a Victoria. Ella, que ya había conseguido la portería de un edificio en la calle Fernando el Católico, para sacar adelante a los hijos con mejor fortuna que la de su desgracia, ideó el alquilar camas a pensión completa. Allí fui yo a parar tras leer el anuncio en un bar. Por ahorrarme unos durillos acepté compartir habitación con su hijo, que pronto fue mi amigo Paco. Con él compartía horas de aplicado estudio, vivía en complicidad política y montábamos bacanales con chicas que nos llegaran de buena suerte y sin estrecheces morales. Entonces las definíamos como tías bien enrolladas. Aquella buenísima mujer, Victoria, también era señora de la limpieza en los dos clubs de alterne que había en Argüelles, muy próximos a su vivienda. Fueron abiertos gracias a las inversiones con las que un cantante de coplas, Pepe Mairena, intentó dar gusto a su bragueta y proteger su futuro. Lástima que un desafortunado accidente viniera a robarle la vejez, ocurrió antes de que alcanzara el meridiano de una deseada y supuesta larga vida. En aquellos locales, cerrados a las dos de la noche y víctimas de nuestra ocupación ilegal hasta las seis de la madrugada, hora en la que Victoria llegaría para cumplir su cometido, no hubo fecha en la que respetáramos lo que no era nuestro. Cada noche —Paco le robaba las llaves a su madre— en honor al amor que nunca nos dejó más vencidos que por lo propio de todo exceso en el sexo, drogas y *rock and roll*, lo mismo celebrábamos juergas inenarrables que reuniones para estimularnos en la subversión, no siempre dentro del más riguroso compromiso con lo que significaba el marco de clandestinidad. El peligro lo desmedía la barra libre. Pero en la vida de todo ser, como si el mismísimo destino quisiera mofarse y pusiera su empeño para amargarnos con lo inesperado, mi amigo recibió una carta, llegaba de la Complutense, lo que no nos resultó extraño.

Después de dos años intentándolo, Paco había conseguido aprobar su ingreso en Ingenierá Agrónoma. Lo habíamos celebrado sobradamente. Claro que le acompañé. Un conocido inglés me había regalado una pequeña bolita de hachís y, dado el alto sentido de humor por el que se caracterizaba mi buen amigo, mi hermano de vida se podría decir –su madre ya me trataba con el cariño de otro hijo más, incluso llevaba tiempo no queriendo cobrarme la mensualidad–, nos la fumamos por el camino entre continuas bromas y carcajadas. De haberme aprendido el nombre de aquel catedrático que le escribió —ni tan siquiera llegué a ver su cara— juro que ahora mismo iría a escupir en su tumba. Ante aquella cita en el Pabellón de Gobierno de la Complutense que mantenía mi inseparable amigo, permanecí esperando en el jardín. Dado que aún me quedaba china para otro canuto, refugiado por un árbol lo hice mientras aguardaba. Lo fumaría con él. Habíamos quedado en visitar a dos amigas francesas que vivían en la calle Linneo y nos esperaba una tarde de gentilezas entre amor y sin más ataduras que las propias del deseo carnal. ¡Cómo iba a suponer lo que le estaba ocurriendo a mi hermano con aquel catedrático!

Al salir, Paco me apartó con violencia, traía la mirada congestionada de odio. Mis preguntas fueron en balde, se alejó blasfemando y llorando. Nunca antes le había visto llorar. No quiso esperarme y me amenazó con darme de hostias si le seguía. Aquella noche no regresó a casa, ni los siguientes días. Tampoco llamó a su madre, a quien tuve que consolar por la preocupación.

Más de una semana después y entre sueños, percibí su energía en la habitación. A oscuras y con sigilo se desvestía y entró en su cama. No dije nada, pensé que no era momento, me alegré por su regreso y dejé las preguntas para cuando él las quisiera.

Al vestirme, ya de mañana, confundí su pantalón con el mío, vaqueros los dos, y al moverlo cayó sobre la butaca un revólver de culata nacarada. Pensé que se trataba de un juguete. Confiado en probar su inefica-cia, apunté sobre mi amigo para despertarlo y quedar con él a la hora de comer. Suerte para mí que no lo hice, desgracia para muchos el que no lo hiciera. Aquel catedrático le pidió a mi amigo que, en favor de un recomendado por el ínclito doctor, renunciara a su plaza en Agrónomos. Por su dispensa sería recompensado con la entrada en otra carrera que, sin lugar a dudas y bajo palabra de honor, Paco concluiría cinco años más tarde con excelente clasificación y superiores recomendaciones para ingresar en una vida laboral realmente inalcanzable para su bajo estrato social. De no aceptar la propuesta, su vida universitaria sería entrar a ninguna parte y nunca encontraría las mismas oportunidades que su recomendado, hijo de familia bien. Aquel bicho que negociaba con las ilusiones de mi amigo, aseguró que el empujón de un hombre altamente situado en el entorno del Generalísimo, él, podría significar la gloria sobre la tierra tanto como la desdicha que suplica sepultura. Poco suponía el desconsiderado cuál sería el efecto caos que desencadenó.

Mi amigo ingresó en una especie de célula anarquista. Su primera acción consistió en preparar una bomba incendiaria destinada a liarla parda en El Corte Inglés de Generalísimo. El encargado de colocarla resultó ser un hijo pródigo del mismísimo director. Suerte que la presunción salió baja de potencia y no fue más allá del susto. Como la repetición hace al maestro, Paco huyó a Italia e ingresó en las Brigadas Rojas. Puesto al servicio de la afiliación en el sector financiero, pasó a ser, arma en mano, responsable del contrabando entre Marruecos y el país con bota de tacón. Solo para asuntos del hachís. Perdidos escrúpulos y ética, cual mercenario se situó en el mercado listo a venderse para lo que significara desestabilizar. Y como todo chorizo termina colgando de su propia cuerda, mi amigo cayó detenido por la policía. Para librarse de la posible condena, aceptó cumplir con el encargo que le hicieron desde la mismísima comisaría y se infiltró en el peligroso grupo neofascista que, unos años después, perpetró el lamentable asesinato de 85 personas en la estación de Bolonia. Él, siempre a través de la droga, colaboró en labores que financiaban a los terroristas, toda vez que ejercía de chivato para la policía, aunque siempre pasando información falsa. Paco moriría antes de traicionar a los suyos, menudo era él. Estuvo en México el tiempo suficiente para organizar una red con la que exportar marihuana a Italia. Enamorado de una chiapaneca, la Chava, con ella tuvo un hijo varón. En honor a la presumida anarquía de ambos y sin necesidad de pasar por ningún registro, ya que el crío fue parido entre las aguas de un río cuyo nombre no recuerdo, como derivado de ácrata fue llamado Acracio. Claro que le tuve en brazos; sus padres regresaron a España y me visitaron. Hasta el fallecimiento de su madre, siempre mantuve el contacto con la sufrida Victoria, otra víctima más de su hijo y de la caja de Pandora que destapó para el caos aquel catedrático que queda anónimo. Paco, aunque tratando de rectificar su vida para llevarla por mejor camino y ser buen padre, dejó el mundo de las drogas pero siguió jugando fuerte. Sin más refuerzos que el de una moto preparada para huir, atracaba bancos con el fin de acumular fortuna para crear un buen negocio y retirarse. Claro que tuvo que dejar Madrid. Tras varios asaltos con persecución, sospechó que le estrechaban el cerco y se trasladó a Cataluña, decisión que dio como resultado el que la Chava prefiriera abandonarle en busca de mejor cama y fortuna. El dolor de perder a su hijo y el amor de su mujer y convencido de que ya su único camino en la vida era el de luchar contra aquella tiranía que le había obligado a ser lo que en su infancia y adolescencia nunca pensó hasta que le empujaran a pisar la raya, le llevó a reventarse aún más la cabeza y desmesuró su bravura. Otra vez se vistió con el traje de justiciero social. Esta vez con el propósito de pagar la fianza para liberar de la cárcel a un buen número de anarquistas organizó un grupo de asalto y perpetraron distintos atracos en entidades bancarias, llegando a la cifra de tres sucursales en la misma mañana y en la misma ciudad, Gerona. En el tiroteo que se produjo con la policía murió un agente. Las huellas en el arma del que fue mi amigo delataron su culpa y fue condenado a muchos años de cárcel, no recuerdo cuántos. Su hijo apenas había hecho el año. Le dejó sin padre tal que Franco a él, con la misma edad. ¿Y qué fue de la Chava y Acracio?

Corría el año 1991 cuando, aquella mañana en la que yo iba caminando por la calle Ballesta, vi que una mujer desaliñada, sentada entre dos coches que la medio camuflaban sobre el borde de la acera, se apuraba por el empeine del pie para conseguir una vena en la que introducirse la jeringuilla con su correspondiente veneno adictivo. Ante tan lamentable y sangrante escena, fui asaltado por un rapto de humanidad, me desabroché la corbata y le ofrecí ayuda. Elevando ella su rostro desencajado hacia mí, sorprendentemente

pronunció mi nombre:
—Hola, Ramón. ¿Me has conocido?

Pasmado ante aquella fisonomía que parecía traspasar el umbral de la muerte, respondí:

—Pues no, ¿quién eres?

—Joder, Ramón, soy la Chava.

Así supe que se había casado con un constructor riojano, ahora separados por la adición de ella a la heroína, y sobrevivía trapicheando y prostituyéndose con cualquiera que pagara sus servicios, sin duda otros atrapados por la misma desesperación que ella. Esta mujer apiltrafada falleció poco después; lo supe por Paco.

Él, en cambio, había estudiado derecho en presidio, aunque ya era tarde. Enfermo de sida, le concedieron salir de la cárcel para disfrutar del poco tiempo que le quedaba. Por la prensa supo de mi paradero y me visitó. No me habló de su enfermedad. Mintió diciéndome que ya había cumplido sus condenas y se trasladaba a Tenerife, donde montaría un negocio con burros para subir a los turistas al Teide. Le creí. Hasta le ofrecí ayuda económica para su proyecto. No la aceptó. Dijo que conservaba dinero de algún atraco, más el que había ganado en aquellos años de talego. De su hijo prefirió hablar poco, se le escapó la tristeza cuando le pregunté. Solo me dijo que le sabía con mejor futuro que el que él pudiera darle jamás y que había sido legítimamente reconocido por el constructor riojano y tenía otra identidad, Félix Martínez. Celebramos el encuentro con un suculento y exquisito cocido madrileño *made in* Lavapiés; también tumbamos un par de botellas de vino. Mi descarriado amigo quiso tomar su postre y los dos bajamos al baño para esnifar una dosis de heroína que nos hizo vomitar sin piedad, hábito con el que él me justificó su excesiva delgadez.

Algunas veces me telefoneó pero evité volver a citarme con él. Por mi parte no había más que decir, ¿para qué repetirle que tuviera suerte y para qué estimularme en el gusto por la heroína? Fue su hermana quien vino a comunicarme el fallecimiento. Claro que lloré.

Por entonces —tras mi paso durante los gloriosos tres primeros años por el timón de mando de la sala Rock-Ola y por el programa con el también glorioso Carlos Tena en Radio 3— yo había fundado la Asociación de Creadores para la Moda de España (ACME) y en la calle San Bernardo dirigía la escuela de diseño con el mismo nombre, además de intensificarme en el grupo de diseño con el que vestí a Tina Turner, Eric Clapton, Roxette, Los Manolos, Nick Cave y tantos otros. ¡Cuán paradójico es el destino que une y separa a los hombres!

Unos años después —¡quién me lo iba a decir!— todos los medios de comunicación reventaban nuestro corazón con otra sorprendente fatalidad, huella inequívoca de aquel día en el que perdí por primera vez a mi amigo Paco, de quien os he repetido que por un tiempo fue mi hermano de vida. Los titulares se hacían eco de que Félix Martínez, su hijo biológico, perpetraba el asesinato que fue conocido como el crimen del rol.

Esta fue la contribución que hizo aquel catedrático a la sociedad, una trágica cadena de muertes, todas baldías, con su credo sobre el amor y las sogas de la felicidad para no vencerse nunca.

XXVI

Transgredir la partitura.
Romper los valores de la tradición.
Alargar los márgenes de lo estricto.
Exceder la lúbrica mirada de la pasión.

Crear con barro el aliento.
Escribir pese a la desesperación.
Hacer malabares con lo incomplaciente.
Ser el peligro supuesto de la mutación.

Salvar el alma de lo racional.
Actuar en nombre de la perdición.
Cambiar la armonía del universo.
Recibir desnudos la revelación.

¡Qué dictamen de la creación
quiso para nosotros tanta estupidez!
¿Cuál es el logo del asesino pastor?

XXVII

¿No me ves cuando alcanzo a mirarte
y el soplo de la oscuridad me desenvuelve?
¿No me ves
cuando te grito aterrado que no hay nubes en mi paraíso?
¿No me ves
cuando el rumor de la lluvia retumba el bosque?
¿No me ves?
¿Qué rumor? ¿Qué lluvia? ¿Qué bosque? ¿Qué soplo y oscuridad?
Soy el que agita los huracanes, la fiera confusión del viento,
el polvo de los laberintos agrietados, las ondas de tu umbría vestidura,
las voces que te tiemblan y se esconden,
los brazos ceñidos a la lívida luz de tu vértigo,
el suelo que aterrado se inunda como tus senos.
Soy yo. ¿No me ves?
Observa cómo me hiere tu prepotente majestuosidad.
¿No me ves?
Soy el que te busca tantas veces en vano,
quien se asusta con los torbellinos de tu enojo,
soy el que muere bajo las ruedas del rumor tergiversado
y colmado queda ante lo solemne de tu inspiración.
¿No me ves?
Al acercarse bramando tu ferviente lloro,
soy quien te alza la frente para servirte la delicia llena.
¿Acaso no te respondo y disuelvo lo que se precipita por tus mejillas?
¿No me ves?
Soy el eco de tu voz que te teme al rugir.

¡De monte a monte!
¿No me ves?
Soy yo.
El valle.

XXVIII

Autoestima, regresa. Te conozco.

¡Pavoroso es el frío sin ti, velo de muerte!
Y en tu aliento agostado
viajaré apasionado
cual señor de los aires y el tiempo.
Suspendido en tus alas
volveré a rodar por los espacios humanos.
Y de nuevo me dirán que soy tremendo e irresistible,
tan devastador como la tierra encendida,
tan atronador como el amor malherido,
tan inflexible como el aliento de la victoria.
Hoy, en cambio, tan solo paseo lo espeluznante de tu osadía
y mientras golpeo empujado por los irrefrenables pies de la angustia,
contempla en mi mueca tu faz más dantesca.
Ya ves que cual toro escarbo en la arena de mi alma,
donde se hace insoportable el gélido ardor de la
tempestad que me asola.

Autoestima, regresa. Te conozco.
Escucha los bramidos de mi frente agachada,
de mi nariz hinchada tratando de aspirar llamas,
de mi furor contra la tempestad que me vierte,
del huracán en mis bosques,
en mis montes retumbando.

Autoestima, regresa. Te conozco.

Observa cómo los pájaros se alejan y esconden de mi fantasía
y a los buitres que sin ti hacen sitio para gobernarme.

Autoestima, regresa. Te conozco.

El sol vela en mi triste, fúnebre y sombría templanza,
vapor del manto aterrador nublando el horizonte que soñé glorioso.

¡Autoestima, sublime tempestad!
A oscuras labro cobarde.

XXIX

Una y otra vez nos encontramos
donde no sabemos que estamos.
Una y otra vez no sabemos qué hacer
donde nos encontramos.
Una y otra vez no nos encontramos
porque no sabemos qué buscar.
Una y otra vez…
No sabemos…
No encontramos…
No buscamos…
Estamos...
Qué…
No…
Dónde...

¿Y si no tengo que encontrar?
¿Y si no tengo que buscar?
¿Y si el destino es un continuo escarmiento?
¿Qué quiero de mí?
¿Acaso soy?
¿Qué soy?
¿Qué debería buscar?
¿Y encontrar?
¿Para qué?
¿Y si ya he llegado pero mi adicción al vértigo me retiene buscando?
Veo, veo.
¿Qué ves?
Cada vez que me enamoro

creo que ya he encontrado mi equilibrio
y follamos como locos cada vez.
Y, como cada vez,
cada vez que con el tiempo regresa la mal llamada
cordura
me arrebata la locura, el equilibrio, los orgasmos
y se jode todo hasta que, como cada vez,
termino mitigando mis justificaciones de cama en
cama.
Recorro cuerpos sin nombre, vomitando sin
equilibrio la locura de los remordimientos que, como
cada vez,
se me representan tras cada cada vez que me fui o se
fue.
Hasta que me redime un nuevo cada vez que me funde y
confunde con otro cada vez que,
como cada vez,
también se ha perdido.
No, mentira, yo no soy ese.
No, no, tampoco tú.

XXX

Te advierto que hay monstruos

escondidos en el azúcar.

Finalmente verás que el sexo

puede dar frío y leña

por cuando sudes o tirites...

en los granos.

XXXI

Día 28 de junio

Nunca me sentí identificado con aquella pandilla de indeseables que me propició la podrida suerte de nacer en el barrio más extremo de la ciudad, por eso hoy acarreo el destino de una determinación a la que llegué sin otra lógica que la de cumplir con mi azar. Cuando a la espalda de uno se engancha lo que nadie con su sano juicio busca, por mucho que te escondas jamás te librarás del fantasma que te habita.

Con él, me refiero a mi fantasma, y con la materia humana más mugre seleccionada entre los dos millones de habitantes que pisotean la ciudad de San Diego me veo compartiendo el régimen de seguridad que, tras evaluar mi estado psíquico, el riesgo de fuga que represento y la condición que se me detectó para relacionarme con una conducta criminológicamente activa, me asignó un tribunal médico más descerebrado y cruel que el peor de nosotros. Estas valoraciones de rutina, junto con mi amplio y también rutinario historial delictivo y el haber formado parte del escuadrón de artillería que ha perdido frente a los rusos el territorio de Alepo, es lo que, hasta que el Tribunal Federal resuelva mi absolución, me retiene entre los barrotes de esta celda que ocupa un 4x2. Mientras tanto y sin pruebas concluyentes que me impliquen más allá de la sospecha, lo mío no pasa de presunta participación en los hechos. El colega que asaltó y disparó al maldito empleado de gasolinera no dejó huellas e iba enmascarado. Ya veremos en qué acaba toda esta mierda. Cambiemos de tema.

La Penitenciaría Central de San Diego no es el mejor sitio para dejar de fumar. Refiero este hecho absurdo para presentaros al matasanos, un negrata afeminado y puertorriqueño que presume de científico y se empeña alegremente en ofrecerme, previa exploración táctil, un informe exhaustivo sobre el tamaño de mi próstata. Sin duda que la ha tomado especialmente conmigo porque, con tono maternal, me sugiere que, si dejara las drogas, mis pulmones cesarían de escupir sangre al toser y cambiaría mi fatalidad. Él lo llama suerte. Me lo estoy pensando. Para mí, lo importante es el cómo mantenerle en la cuerda floja para que, empujado por su vicio, me solicite como ayudante en la enfermería. Desde allí y si al jurado le da por joderme, será más fácil la fuga.

XXXI

¡Socorro!
¿Nadie me escucha?
Soy un recuerdo.
Olvidado
entre toda esta basura
de juguetes.
¡Aquí!
¡Socorro!
Mi código de barras es el JZM4Z8//572H.
Nací aquí,
en la cinta transportadora
de esta fábrica de muñecos.
Yo no tengo la culpa
de que la hicieran quebrar.
He oído...
Dicen unos hombres
muy arreglados
que pronto esto será pasto
de llamas.
¡Sáquenme de aquí!
Tengo miedo.
Los hombres
llevaban revólver
en el maletín.
¡Quiero jugar!
¡Socorro!
Soy el JZM4Z8//572H
Qué tonto...
Ahora caigo...

Los humanos solo aprecian lo material.
Necesito un cuerpo para que me vean
con una boca para que me escuchen
con unos ojos para que me lloren
con un corazón para que se rompa
con un amor que me menosprecie
con un sueño para no perderlo…
…
¡Socorro!

XXXIII

Siempre encadenado a un destino que detestaba,
aquel suceso cambió de golpe mi vida.
Sí, aquel día dejé de maldecir mi torpeza,
vendí las mansiones de Florida, Nueva York y Londres,
liquidé las empresas que heredé de mis abuelos,
abandoné el país como viudo millonario
y me lancé a la búsqueda de un nuevo amanecer.

Con tanto porvenir,
paradójicamente no tardé en sentir que mi vida
estaba vacía y,
aceptando que los millonarios podemos darnos los
lujos que más queramos,
a la par que los caprichos que detestemos,
cuando mi vileza estaba a punto de entregarme
a los lazos de una secta religiosa,
con el mayor de los desprecios
me invité a caer en la más profunda depresión.
¿Para qué pasarlo bien, si ya era rico?
Solo los pobres tienen altares para sus dioses
y bailan con las cariátides que los sustentan.

¿De qué otra forma van a olvidar la desesperanza del
infortunio?
Pronto conocí a Lionetta,
era la musa de la ciudad,
de los pobres, claro.
Como en este mundo de humanos
siempre manda la apariencia,

sabiendo Lionetta de mis riquezas,
quiso ser mi inspiración.
Por ella me hice mecenas de poetas,
de pintores, escritores, actores, músicos, fotógrafos,
lo que se diría el lumpen de los bajos fondos.
No tardé en comprar la pluma de un presumido escritor
al que puse secretamente a mis órdenes
y le hice escribir bajo mi firma.
Como yo mismo me compré todos los libros,
aquella basura fue la obra más premiada durante tres
años,
Las penas de un millonario irlandés.
De la noche a la mañana
pasé a ser reconocido como un gran escritor.
También aquel suceso cambió de golpe mi vida y,
aunque continúo con mi aureola de deprimido,
gracias a mi dinero puedo ser lo que no soy
y en mi cama despierto cada mañana a Lionetta,
la musa de la ciudad.
Pronto me iré;
los vacíos del ser no se llenan con el tener.

XXXIV

24 de julio

Hoy ha muerto Chupete.
O quizá ayer.
Nunca lo sabremos.
Era rubio atigrado.
Tauro, como yo.
Con su primer año de vida recién cumplido.
No llegaremos a su entierro.
Lo han arrojado a un contenedor.
Estamos destrozados.
Él confiaba en nosotros
y lo dejamos al cuidado de manos ajenas.
Manos que se ofrecieron como las mejores.
Manos en las que confiamos y,
ante su ruego,
les dejamos nuestra fe,
nuestra casa,
nuestra cama,
nuestra despensa.

Maldita decisión,
maldita generosidad y confianza porque,
ya en nuestra ausencia,
un descuido de esas manos nos ha empapado de
tragedia.
Estamos regresando con lágrimas.
Hay que salvar al resto de los miembros que
conforman nuestra familia,
Pinzas, Mica, Ronrón, Vida y Carioca.

PR: Lo supimos por un wasap que llegó a mi teléfono y nos despertó a las 7:53 h. La noticia vino ilustrada con la foto de Chupete, su cadáver.

Decía: acabo de encontrarlo muerto en la terraza, hostia... Llámame, por favor. Y lo siento muchísimo. No fue culpa nuestra, Ramón. Lo siento también por Sonia. Qué lástima. Lo he tirado a un contenedor de basura.

XXXV

La variedad creativa de mi constancia
responde a los distintos atentados
de quienes entran por la puerta falsa de la realidad.
Hoy no me quedan suspiros.
Mi evidencia sentimental hoy determina
la emoción directa
con la que hago los quiebros irónicos
a las subjetividades culturalistas en general.
El lenguaje me da opciones
para crear citas manipuladoras,
ambigüedades poetizadas
con las que vaticino
visiones proféticas que no dicen nada.
Pertenezco a una denominación funcional
con límites intelectuales
y un ámbito estético
orientado a la policéntrica demanda editorial.
Soy alero en un grupo de poetas amigos,
juglares de la radicalización,
defensores a ultranza de la diversidad,
vinculados al libertinaje político
y siervos renegados de los que gobiernan.
Resulta evidente que casi siempre bailo
con la más fea.
Por eso no me fío de mí.

Hoy no sé quién soy pero sí sé que ya nunca podré ser la persona que me hacía Chupete, así que tan solo escribo empujado por la búsqueda de rincones donde

ir descargando
el dolor que me ahoga.

XXXVI

Continúo siendo el resultado
de un proceso histórico complejo
que se extenderá a lo largo de mi vida
y que determinará los factores culturales,
materiales y emocionales
que asumiré con dispar temperamento
para superar el trago de esta muerte ajena
que se me hace propia.
Seré la afable copa de Baco
y a quien beba de mí súbitamente
le serán castrados los genitales
con la misma hoz con la que Cronos
mutiló a su padre.
Y no habrá espuma en mi océano
para que de ella
nazca una nueva Afrodita;
tan solo habrá una hermosa corona
hecha con las joyas más malevas
de mis contradicciones.
Ven a mi isla…
Ven...
Hoy me ejercito en las artes satánicas.

XXXVII

Dices que me entregue a la esperanza,
que cruce la línea y dance en otra ficción.
De acuerdo.
Dejaré el vacío de mis invenciones,
pondré en marcha la máquina de hacer hormigas,
pintaré con aire las sombras del amanecer
y beberé el jarabe contra los vértigos.
Estoy contento de que me vaya muy bien. Gracias.

Recuerda que soy un actor de provincias,
escribo inagotables dramas sobre la supervivencia de
los pájaros,
poseo el más exquisito catálogo del binomio lujuria y
lujo,
vendo esencias en el mercado de Bagdad
y puedo convertirme en la joya
que mejor se adhiera a la extensión de tu piel.
Intuyo que me propones una terapia de magisterio.

Te advierto que la esperanza
es una flor que brota junto al precipicio.
¿Qué prefieres?
¿Pétalos de angustia o virtud?
¿Suceder o Existir?
¿Crees que se puede aprender a olvidar?
Sabes que soy receptivo y confiado,
¿de qué otra forma podría justificar
las cicatrices que me enorgullecen hoy?
Independientemente de mi ideología sobre el sexo,

al margen de mi lugar de origen y de mi estatus
    económico y moral,
me veo como el perfecto mindungui
que participa en programas de televisión basura.
Soy suficientemente absurdo,
hombre de energía joven pero carroza,
con un sentido del humor ampliamente rutinario
y estoy culturalmente restringido.
Con este perfil tan poco esperanzador, si yo fuera
    escritor,
solo un loco tendría la ocurrencia de regalarte mis libros.
Irían camuflados en la repisa de los que esperan sin
    esperanza,
junto a los que tienes de autoayuda y no consigues
    que te liberen de tu adicción.

Fumar daña los pulmones. Fumar puede matar al
    hijo que esperas.
Fumar provoca infartos, cáncer de cuello y garganta.
¡Vaya títulos!
¡Mecachis! Se me ha vuelto a ir la pinza, perdona.
Pero reconoce que lo he intentado; iba de puta madre
hasta que las hormigas se emborracharon con mi
    jarabe para los vértigos
y derramaron toda la esperanza en la sartén de freír
    morcillas.

XXXVIII

Soy un hijo de tu larga guerra
y represento el abolengo de la devastación
con la que argumentas redimir la patria.
Este será tu dolor eterno,
las fatigas, llantos y quebrantos
con los que pagues la cuenta de tantos muertos
para la gloria de tu maldición.
Te amparas en la beatitud al falso dios que enardeces,
sabes que es tu falacia.
Los estragos de las vidas y tierras que vulneras
con la apócrifa retórica del honor
cargan sobre tu máscara espeluznante.
¿Es como pretendes ocultar lo cruento
de los regueros de sangre que generas
para alimentar con su purulencia a las moscas que los
revuelan?

Nada más aterrador que ver colgando como andrajos
las tripas y el corazón de un soldado.
Nada peor que llevarme las manos a la cara
para sacudir esos trozos de entraña que,
como chorros,
me han salpicado y se me escurren entre los dedos
igual que si fueran brevas podridas espachurrándose
con la pisada.
Has pactado con el Maligno
y entregado tu sistema moral.
Ojalá que en tu naturaleza
quede un atisbo de salvación,

un indicio de pureza que te redima como hombre,
algo que muestre tu retractación como hijo parido de
buena madre.
Cuando los remolinos del humo colérico se dispersen
y a las prímulas de nuevo vuelva su flor,
cesará el sonar de los timbales mortuorios
y caerán sobre ti las mil cadenas.

Hasta que concluya el aire de tu garganta asfixiada.

XXXIX

Templándose mi carne tras un verano cruel,
sacudidos por la niebla de la fiebre impura
corren los vientos del hambre.
Van envueltos por un sol vaporoso
que emponzoña el aire de los deseos,
mientras la muerte voluptuosa se reclina
ante el velo fraudulento de la indignidad.

Rugen azotadoras las adustas tripas
de mi triste España,
tierra de zonas oscuras
donde tantos semejantes se ahogan reflejados
en el gélido espejo de los sin suerte.

¿Acaso los rayos lunares
no son de agua sangrienta bañándose a la deriva?

¿El último adiós no se ciñe en exceso
a las zonas traicioneras del profundo mar?
¿Acaso el golpe de las olas
no hiere las playas con su pálido y espumoso cetro?

¿Cuántas veces has visto los ojos de una parturienta
trastocada por el rigor de un cielo ardiente y abrasado?

La pobreza tiende sus alas húmedas y frías en la noche
para que a las eventualidades del desamparado se sume
del viento
su furia y la desesperación.

Se hunde la adorada balsa
y unos labios sedientos son tocados
por la boca salada de quien junto a ellos naufraga.
No hay adioses ni cuidados que el dolor ahuyente.
Solo quedan los cuerpos yertos para el frio imperio
de los bramidos y el fondo.

Nadie sabrá dónde,
ni los peces que picotean en la huella que abrigó sueños.
Y después, nada.
Salvo la anciana que llora desde los acantilados.

XL

En algún momento del vuelo
deberías hacerte pesar la espalda,
tal vez tus acuerdos con las posibilidades
estén resultando más caros de lo que pensabas.
O quizá a otros...
Para entonces tendrás más de algún poro repleto.

Mejor no hablar de arañazos,
podríamos atraer presagios inconvenientes.
Supongo que ya has aprendido a escribir
con la punta de la nariz y a ciegas.
Sabes que el polvo estelar pronto nos convierte
en un pentagrama sin partitura
y que tus bromas son de la contienda por el poder
que te vence.

Tienes facetas muy malevas,
derivan de pulsiones que te estigmatizan contra los dioses
y me aplastas.
Quizá a otros también.

XLI

Durante años me he entretenido
con las historias de unos y otros.
Eran lenguas de mujeres,
de hombres, de niños, de ancianos.
Incluso tuyas y mías.
El rompecabezas era que siempre mentíamos,
toda vez que, cada cual, decía la verdad.
Esto venía ocurriendo antes de mi nacimiento.
La tradición pauta sus reglas y,
como buenos legionarios a ritmo de cornetín,
con redobles de tambor me trajeron desde una sala
de partos.

Allí ya vi que unos y otros
sobrevivían por la soberbia de la autoridad.
Para integrarme en la sociedad,
bajo ordenanza presidencial
y so pretexto de oscuridad,
hice lo mismo que ellos.
Entre humanos,
lo humanísimo era aprender a matar.

Por eso era estupidísima la voluntad de pensar,
estaba penadísimo el actuar sin rebaño
y resultaba humilladísimo quien pretendiera ser uno
y libre.
En mi infancia ya se entonaban los himnos
para seguir al abanderado.

Más tarde me enseñaron el camino del oráculo
y las oraciones prepago
de la parcela en el cielo.
Había un descuento por cada matanza
que dignificara al dios de moda.
Esmerado unas veces y castigado las más,
gracias a grandes maestros
y a su excelsa ejemplaridad,
aprendí muy bien cuanto me enseñaron.
Años después canto victoria.
De lo que llamaron mundo, hoy soy el que queda vivo.
Con el mismo tesón por el que me condecoraron
al fin he logrado que todos los retretes
de lo que fuera este infierno
ya sean míos.
Pero,
salvado de vosotros y de los ismos que os debilitaron...
¿quién me salvará de mí?

XLII

La muralla

tiene sentidos y entrelaza

su memoria a la sombra de nuestros dedos

con la menstruación.

XLIII

En la franqueza de tu complacer nace la vida
Sobre ti reposada mi primavera
Entre tus piernas cuerdas de arpa mis emociones
Inefable ninfa de los deleites
De tu alma la hermosura que es mi patria
De tu rostro selva gloriosa y jardín
Feliz mi amor bajo el techo arco iris que nos cobija
Llama que ardes en mí

Toquemos los timbales del misterio
Tus labios en el vértigo de mi piel
Al filo de mis dedos tu esperanza
Partitura de aromas y elixir
En todo lo que es propio te reivindico
Cuando sensible y manso te ofrezco el alba
Y el vino de los dioses derramamos juntos
Tras romper con abrazos lo que el miedo espanta

Idioma impecable para una lengua de versos
Secuencias de complicidad
Matices de percepción siempre profunda
Crónica para el tacto de la esencia que me das

Lúzcame la bravura de tus valores
Ilumíneme la ternura de tus silencios
Toma estas mis alas que por ti son vuelo
Diosa de lo femenino y satisfacción

El origen de todas la formas y fundamentos
está en lo que convulsionas para mi aliento

XLIV

Volaría con alas

de golondrina

si quisieras

anidarme.

XLV

Es tu vientre que es mi tierra
y tus senos son mi delito mayor.
Tienes oquedades que me dan refugio,
húmedas, cálidas,
que insinúan misterios
donde otro yo mío comparte profundidad.
Ese ir más allá que me impone tu carne
desde ese ir más allá que grita la mía sobre nuestras almas
es el rincón hacia el que penetro
y perpetúa nuestra dignidad.
Mi silbido es tu grito sibilino.
Tu grito es mi llamada de alerta.
Y es que somos una
cuando te calmas o gozas,
cuando me ignoras o espantas.
Pienso con tu pensamiento
y templo según tu sangre.
Cuando te recuestas sola
me deslizo entre la vida
y acechamos a la presa.
Igual que cuando bailo sujeta a la cola de mi igual,
porque tú,
mujer desnuda de mudas,
deseada y deseosa,
te restriegas contra el aire que acentúa
con su coral
lo que venimos siendo como reptiles:
luces en el arco iris.

XLVI

En medio de la noche
una oscura presencia
se apoderaba de los humanos
para llevarlos a perder la cordura.

Sucedía las noches en las que la luna
quedaba oculta de su brillo solar
cuando unos dolores insoportables
penetraban en el sueño de los hombres
para representarles pesadillas
repletas de demiurgos.

Las mujeres embarazadas se desangraban
mientras perdían a sus fetos
y bajo el vasto cielo
los hombres deambulaban sonámbulos por las calles.

Pronto la humanidad comenzó a degollarse entre sí
toda vez que la bruma se iba extendiendo sobre el horror
como si tratara de esconder todas las crueldades
o hiciera resonancia de ellas mismas.

Emergieron seres aterradores
que andaban a tientas entre lagos sangrientos
y velas abrasadoras limpiaban la putrefacta oscuridad
de lo que parecían fantasmas del averno.

El dolor y la tristeza dejaron su olor
en esa urbe mefítica donde los muertos cenaban
entre las sombras que ondulaban bajo las tumbas.

XLVII

Este es el mismo cuerpo que un día fue joven y bello
una estructura en donde alzaba mi cabeza
porque estaba habitado por ángeles buenos.

En otro tiempo yo era un palacio señorial
un palacio radiante en los dominios de mi pensamiento

Jamás un serafín tendió sus alas tanto como mi ilusión

Banderas gloriosas ondeaban en mi pecho
jugueteando con la brisa más gentil que brotaba de mi
corazón

En aquella amable época
aún no tenía murallas
y quienes se acercaban a mis dominios
veían en mis ojos dos ventanas luminosas

Hasta que llegó el día
que seres de maldad
con ropas de contrición
quisieron invadir la exuberante excelencia de mi castidad.

Desde entonces, la mañana
amanece desolada sobre mí
y en torno al glorioso palacio
se sonrojan las ilusiones al pasar

Ahora, la mía no es más que una historia vagamente recordada
los tiempos antiguos se van sepultando con las arenas del tiempo.

Y los viajeros de mis territorios
ven en mis ojos unas ventanas reflejando el
enrojecido atardecer
luces de colores que aún estimulan fantasía
melodías insinuantes a ritmo de la nobleza salvada
mientras, cual veloz río espectral,
a través de la palidez de mi rostro
un odioso tropel apocalíptico
sin cesar se abalanza sobre mi agonía, ríe.

Pero ya no sonrío.
Mi mueca es la de todo cadáver.

XLVIII

No solo el romanticismo del viento transporta las semillas
para que la naturaleza se perpetúe,
también viajan en el intestino de los animales
para que las sembremos con nuestra mierda.

Ah, perdón. Qué poca sensibilidad tengo.
Sí, disculpen, demuestro pocos escrúpulos pero,
no me hagan caso, son meras especulaciones de
maldito artista.

Ya sé que tratándose del conjunto de los desperdicios
sólidos o líquidos
que constituyen el producto final
del proceso de la digestión
debería llamarlo
hez,
deposición,
materia fecal,
caquita,
caca o popó.
Pero, a ver, que yo me aclare:
entonces y en definitiva,
lo de llamarlo mierda,
¿es una cuestión de semántica
derivada de una intelectualidad inconclusa,
tal vez debida a nuestra inmadurez emocional
o es culpa del invisible cognitivo irracional colectivo?

Querido Dios:
Ya que dicen ser tuya toda la creación,
¿podrías decirme el porqué la mier…
—ahora no sé cómo llamarla—,
sale sólida o líquida y si en ambos casos,
tratándose de la humana,
forzosamente tiene que ser asesina?
¿No podrías hacer una excepción?
Gracias.

XLIX

Siempre,
con el propósito de ganar sabiduría
me he defendido de intolerancias.
Incluso a cambio de ser lo que me dañaba,
una amalgama de añadiduras y accesorios
construidos con la rabia de la suerte arrebatada.

Valores que se colaban por mis suturas
como la lluvia se derrite entre tus lágrimas.

En este mundo de atajos,
evasivas, veredictos y sorderas,
la integridad no garantiza el amor.

Como los ancestros nobles
busqué la actitud mental en mi voz interna,
en ese timbre que dice «este soy yo»,
e hice por los demás
hasta llegar a filtrarme entre acantilados
donde ya no hay nada.

Así fue como arrojé mi cautela al viento
y confié en la sinceridad.
Con sello de valentía
y empujado por las convicciones propias,
creí estar ganando un sitio para mi vida.
Caí obstinado en el idealismo.
La malicia fue que,
antes que yo,

estaban ellos.
Los que nos roban el éxito
glorificando su potencial celestial.
Viendo desperdiciada mi aventura de bondad,
derrochado el tiempo que sembraría esperanza
fui vencido entre palabras sin actos
y ocultando los resquicios de mi dignidad
escondí las armas entre la maleza.
Entonces topé orgulloso con mi humanidad posible
y con los límites de otros calvarios convirtiéndonos en uno.
Ellos, también convencidos de la suerte por vivir,
trataban de ser el cuadro que mereció ser pintado.
Pese a las consecuencias,
peligros y presión,
aún luchamos.
El valor solo llega con la minoría.

L

Después de haber probado la soledad,
el amor debe ser la búsqueda del adentrarse más allá
de la conciencia,
en el mundo del sueño...
Nací junto a un manantial
en el bosque de los deseos cumplidos.
Y lo hice
como la mayor parte de vosotros,
con algo feo y algo trascendente.
Aprendí el gateo entre cascadas de luz
que ahora te dan
y ahora te quitan,
mientras me hace palpable a la curiosidad.
Nevadas que yo no sabría explicar
me iban acercando a todo lo que para uno es
la primera vez.
Con prisa seguí de largo,
somos personas que soñamos.
Soñamos, soñamos...
Somos personas que soñamos...
Aunque el agua de las mentiras no se evapore
y el salitre del amor gotee,
somos personas que soñamos.
Soñamos, soñamos.
Somos personas que soñamos.
Recuerden que la luz da sombras.
Y que el desamor nos pierde.
Soñamos, soñamos, soñamos.
Somos personas que soñamos...

Para lograr llegar a aquello que nunca existió,
lo distinto.

LI

Yo, Ghanem Azzam, aquí estoy hoy.
Tengo nueve años recién cumplidos,
esto no es más que la medida del tiempo sufrido
desde que nací sin talismán.
Vivo en un país donde el polvo te come las fechas.

Allí mi familia brinda rasgando la arena con la yema
de los dedos.
Corro imposibilitado por una tragedia.
Vivo a la espera del movimiento
que cambie los mordiscos de mi suerte.
Huyo para que no me aplaste esa fría,
punzante y diabólica representación de los
vencedores.

Ante la miseria humana que recorta los horizonte del
desatino.
Bajo esa condición con la que ansían llevarse a la boca
trozos con sangre de mi alma.
Durante esta desatinada codicia de la muerte.
Por su esmero en labrar prominencias ansiosas de
lamer carne,
dignidad y sueños.
Desde ese sabor placebo regateando secretos a la luna
para ruborizar su silencio.

Entre lo errante de la vida demarcando mis confines
desinhibidos de anhelo.

Según, sin, con, mediante, tal...
Pero hasta que un apocalíptico estruendo instale
voces contra esta locura,
la metáfora de mi sonrisa serán costurones en el
éxodo de mi piel.
Delante de todo intento hacia una maldición última,
el miedo a la misma noche, a las mismas tripas, al
mismo olor a imposible.

Hablaría de cada grano de arena por el sonido de mi
incomprensión.
No soy de hierro como les habrán dicho a ustedes, no.
Tras haber fallecido mi madre por los muchos kilómetros que
asfaltaron con nuestra sangre derramada en cada naúsea,
Dios permitió que al menos yo llegara por fin a este
hospital.
Hubo un jardín para las ramas que quisiera en flor.
Hubo un jardín hasta ayer, sí.
Hoy lo han regado con un racimo de genocidio.

LII

En lo más profundo de mis sueños
hay noches exuberantes en las que te toco
y respiro con tu suspiro.
Y en la alta y sombría perplejidad,
todo cuanto nos rodea,
los sonidos de la calma aparente,
la agitación de tu cuerpo etéreo,
mi alma que siempre fue tuya,
la penumbra del féretro que te ocultó,
el viento que te pasea desde la cremación,
hasta las más locas visiones que se me representen,
todas son por el amor que nos dimos
y el que guardamos para estos encuentros de ultratumba.

LIII

Me he bañado en gélido sudor de mis miedos.
He naufragado en el ardiente humor de otras entrañas.
He sido una y mil veces mil más que el héroe
y tan solo un «no» me llevó a ser nadie.
Desvanecido ya mi recuerdo,
alejada la melancolía,
saciada la amarga hiel del desconsuelo,
apagada la azarosa ilusión de aquel sueño,
de aquel ser supremo al que tanto maldije
por aborrecerme con la vida que me arrebataba,
la misma vida a la que pedí
desde un mundo con más llanto del que se puede entender
que me embriagara con el veneno de un cuchillo,
que me concluyera en una tumba de arena sin fondo
donde se zambulleran las putrefactas ratas del inframundo,
donde allí, ocultado, huyera de mí la cruel ansiedad...

En el silencio helado de la tumba, escuché su voz.

Fue la noche en que la luna no emprendió su vuelo,
gracias a ello tropecé con un hada
donde el agua errante cae.
Allí juntamos las manos,
untamos con estrellas nuestras miradas,
saltamos de un lado a otro del universo,
compramos las burbujas de la ebullición
y escalamos hasta donde los cerros tocan las nubes.

Ellas susurraron en mis oídos
que el mundo está lleno de problemas,
que los helechos también lloran
y duermen con ansiedad
que también hay niños que desayunan
junto al cuello acelerado de los ratones
compartiendo con ellos el cajón vacío de las galletas.

Volví a sentir que en el mundo hay más llanto
del que se puede entender
y que el filo del viento puede resultar un enemigo cruel.

LIV

Trazo jardín

guardando belleza de cielo

recién nacido.

LV

¡Oh! Levantadme para que las mujeres me vean bien.
Rogad por los deseos de vuestro corazón.
El orujo está llegando
y la hoguera tiembla ante el aquelarre.
Hundidme en el fuego,
sabéis que finalmente no moriré.
Nunca en mi alma se afiló la guadaña.
Desde que me agité en los sueños.
Desde que me levantó el amor.
Desde que vivo con la puerta abierta,
en mi bosque se bebe de los manantiales
y se baila con las voces que crecen en el alma.

¡Oh! Levantadme para que los hombres me vean bien.
Las yerbas han lavado mis piernas,
los árboles enraizaron mis pies a sus ilusiones,
los búhos volaron sobre su sombra
y ya escrutaron la fe que quedaba en vosotros.
Levantadme y recordad el día que,
como dos figuras alegres,
la magia del bosque hizo que ustedes se mezclaran
 para el amor.
Observad cómo,
bajo las hojas entusiasmadas de los árboles,
sus corazones danzan.
Ya sé que ahora escucháis el baile de las voces que
 crecen en el alma
y como el aire silba.
Escuchad si la tibia de los sacrificios

hace más solemne el ceremonial.
¿Díganme si es así como vuestra especie se perpetúa
y si es la forma más común entre animales?

LVI

He caminado mucho sobre el amor.
No soy guapo ni mi corazón es fuerte,
mis ropas están desgastadas
y mis dientes necesitan ajustarse,
pero al menos estoy caminando sobre el amor.

El desgaste no es estéril,
la copa rebosa aún,
lo mejor de la suerte está en su espera
y el santo letargo llega cuando no es llamado.

Claro que ahora no me detengo en la tempestad.
Mis manos son hechiceras,
mi voz ya no se lamenta
y mi corazón sabe eludir las miserias.

Pero aún soy un pequeño hombre.
Mis delicados pies siguen descalzos,
si me hago una herida, sangro
y desvanezco ante el asesino que me dispare
su vacío de esperanzas.

LVII

Y me dijeron que al detenerme caería muerto.
Y me acusaron de haber frustrado la desobediencia.
Y me dijeron que mis aullidos parían monstruos de
rostro humano.
Y me culparon de las heridas que hace el azar.
Y me dijeron que mi inventario era la frívola
existencia de los cobardes.
Y me acusaron de ser el vano silencio de las leyendas.

Y me dijeron que mi pecho fue quien partió el brillo
del atardecer.
Y me acusaron de ser el gusano que roía las almas.
Y me dijeron que yo no había respetado de la muerte
su llanto.
Y me culparon de ser la cruel burla de la esperanza.
Y me acusaron de ser la carga del enemigo,
Y tanto y tanto fue lo que me dijeron
y por tanto lo que me condenaron
que llegué a verlo en mi ser.
Malditos humanos.
Permitidme recordaros que toda opinión sobre mí
es lo que de vosotros reflejaba mi rostro.

LVIII

Moriré
despacio
al atardecer…
Bebe ya esta copa de mi sangre...
Deja que me pudra entre tus piernas...
Consiente que este perro se derrame en tu
desprecio...

Luchando

cuerpo a cuerpo

contra la muerte.

LVIX

Nací dentro de la mata de una especie que se extingue
y me ordenaron que dominara la tierra para procrear.
Así me hice la chica más ninfómana de la ciudad
y decidí llevar la cabeza envuelta en ideas.
Fueron tantos los hombres que quisieron amputarme
el sujeto
que hoy mi cuerpo parece una tragedia.
No hay que llevar a la vista lo que una vale,
al menos siendo mujer.
Como los hombres sí pueden e incluso presumen de
lo que no,
decidí matar a uno de mis amantes,
el que la tenía con la medida más intermedia,
y me vestí con su piel.
Ahora ocupo un escaño en el parlamento.
Los del partido no caen en que fui la otra de cada cual,
mantengo la sexualidad activa
y firmo los pactos jugando al «Te las como que me la
comes».
El pueblo me votó porque les prometí que llovería a
gusto de todos
y voy por el cuarto mandato.
Mi familia está encantada,
se han mudado a una mata de Abu Dabi.

LX

Alguien que una noche estaba fuera de sí,
nada más que para mirarse el gesto
y tan solo porque la luna estaba apagada,
sin saber que el norte estaba hacia el sur
y para poniente el este,
entre palabras que arden depositó los cuatro rumbos
a dos pasos de la línea de la luz.

Alguien, creyendo estar iluminado
por un dogma que babeó al impostar
decidió disparar contra la ciudad,
cargó con el polvo asesino de su bandera y,
como corresponde a quien se precie de salvador,
al ver que los huérfanos no se rendían
le escuché gritar que estaba dispuesto
a cortarse las venas con el alquitrán.

Alguien, queriendo llevarse a la boca
los antiguos cantos que hablaban de estafa,
inquieto hundió el pecho entre sus riquezas,
y juró que recuperaría la honorabilidad.
Le pedí que dijera su nombre en voz alta
y se extendió en consignas políticas que no comprendí.

Alguien, mientras los dedos de sus pies eran cebo de las ratas,
a la puerta de una iglesia
jugaba con llevarse la inmundicia de las calles a su casa
y agitaba el bote de las limosnas

tarareando las dos estrofas de su hambre linajuda.
Y yo que había salido de casa para comprar leche
contemplaba la actitud de un poeta convertido en fugitivo,
ahogándose en sus gotas de acidez por tanto bañarse
en los retratos del manantial limpio que creyó ser él.
Claro que pude haber hecho algo,
me vi tentado a ofrecerle mis sabios consejos y soluciones.
Pero ya sabemos que es de listos
no meterse en cordura ajena,
así que decidí buscar bronca en otra parte.
Volví a casa sin la leche...

LXI

Si las ilusiones me dijeran adiós,
hecho improbable,
no sé qué sería de mí.
Las fantasías que yo me cuento,
alegrías del cerebro que tú tienes absorto,
son alas y caramelos de sol y estrellas.
¿Cómo hacerme mago y hechizarte a ti,
si las ilusiones me abandonaran?
¿Adónde iría?
Sé que sería el fin.
En mis ilusiones están las dunas
donde mi boca se volvió ardiente
para hacer de tu sexo la canción de mi garganta.
Mi memoria...
Los recuerdos…
Las dunas y nuestras gargantas...
¿Acaso no llevas en el paladar nuestra lujuria y orgasmos?
Tú y yo somos fuente infinita de ilusiones que no mienten.
Si tu pecho me dijera adiós
sin la sal de tus dulzores para enjuagarme,
sin las milagrosas aves que me traes del cielo,
sin los trinos con que tiemblas mi cascada,
sin esos gestos de maldad con los que bromeas
y la bondad que también me derramas entre las piernas,
qué sería de mí,
de la magia de tu alegría.
Nosotros somos el amor bonito, la nube tierna.
Ay, si las gaviotas hablaran.

LXII

Princesas para los remolinos iniciáticos

en el intercambio
con la sustancia
que me convierte
sin dolor de mundo.
Te sumerjo
en mis olas
de infancia

y nos abren el animal a la boca del amor

donde nunca estoy porque me he marchado.

LXIII

En este peregrinar hacia mi conciencia,
hacia la integración absoluta de mi ser,
es donde acaricio el impulso vital que me presenta
ante el trance,
puerta a la comunión con la plena armonía de la
existencia
y virtud del éxtasis que descarga mi sustancia a la
inmensidad sin fin.

Oh, complaciente trascendencia que me libera del
universo soez,
pirueta seductora que me distancia de lo profano.

Alcanzada la totalidad que me bendice entre los
mundos sutiles
donde me aguarda la divinidad para el alma,
camino por la heroica ensoñación que disuelve el ego
encapsulado
y colmo de plenitud la beatitud que me otorga el paraíso.

Donde el origen ya no es invisible
y bebo en la fuente de la vida eterna.

LXIV

E
l

o
t
o
ñ
o

e
s

u
n
a

a
d
o
l
e
s
c
e
n
t
e

s
i
n

p
r
i
m
a
v
e
r
a

Aquel verano fue un invierno.

LXV

Mientras el verbo sea la palabra
y la palabra sea de mi voz,
los dioses del inframundo bailarán como sapos sin
primavera.
Nosotros, los cofrades alejados de todo afán
creemos que las pertenencias deshumanizan.
Para los sapos somos personas con nuestra esencia
deshabitada,
para los marrulleros dogmáticos representamos la
garantía del malestar.
Nada peor que vivir sentado
en el retrete de la conveniencia;
es donde ellos negocian.
Son hienas tratando de hacer un cadáver de nuestras
voces para roerlo.
Pero no hay que sonar la alarma.
Sabemos que estas hienas van a dos patas porque no
cagan y,
quien aunque come no caga,
depreda sin dejar huellas.
Así que podemos seguir sentados y soltar pedos;
el retrete es nuestro.
Personalmente no tengo interés en escurrir por mis
labios
aquello que un hombre práctico esté dispuesto a
contar;
significaría culminar lo que la ciudad espera de un
cofrade ilustre.
Lo mío es la esencia deshabitada,

por eso vivo alejado del afán propio y ajeno.
Los especímenes como yo no pasamos
de ser cucarachas surcando el rostro de los virulentos,
no significamos grados que nos perpetúen en ningún
blasón de piedra.
Lo épico del héroe nos da vergüenza.
¿Por qué matar para no morir?
Algunos preferimos consumir el tiempo
tartamudeando en los lavabos de los centros comerciales.
Allí miramos de reojo a los espejos y vemos que,
bien igualmente de reojo o ya con todo descaro,
corriendo, los sapos se miran unos a otros,
corriendo babean tocándose los gemelos unos a otros,
corriendo, echan hacia atrás sus cabezas
tirándose de los cabellos unos a otros,
corriendo, gimen entre los ahogos de unos y otros,
se despiden intercambiando el patronímico de unos
y otros
y salen deprisa como si no hubieran entrado y corrido.
A nosotros nos satisface seguir apoyados en los lavabos
para estudiar el hacer de unos y otros,
lo que se define como mirar con los ojos de la fe ciega
y tirar pedos.

LXVI

Ejercemos la arrolladora interferencia
de los días voraces
en que nosotras
practicamos el nosotros
atendiendo al calendario
de las noches lésbicas.

LXVII

Puede que escuches la balada de un niño
bautizando con ternura el horizonte.
O que descubras el sacrificio de las cosas
que designan un oficio a las promesas.
Quizá des voz a todos mis clamores de hombre extremo,
y celoso me entusiasmen ecos sedientos de ti.
Tal vez tú misma llegues a señalarme
con el perfil de tu dedo abroncando un basta,
o cortesano te inclines a la prepotencia de mi voluntad.
Inevitablemente toda victoria es odiosa.
Inevitablemente toda derrota es tan fría como la verdad.
Inevitablemente no siempre hablamos con ingenuidad.
Y es que somos como el mundo extravagante,
un bramido sin nombre que aguarda sediento
junto a las aguas cristalinas de la ilusión.
También hay palabras inclementes, sí,
emanadas por culpas redimidas sin el debido perdón
o fugadas de los abismos sin seducir a la noche.
Y no hace falta la luna para que seamos lobos.
Y son livianos los dioses que cargan con su propio a cuestas.
Y llaman desnudo al mundo que diga hombre.
Y esculpen culpas sin cédulas de identidad.
Y se arrojan por la topografía de nuestros ojos mundanos.
Y rotulan sobre el diccionario para testigos sin cuerpo.
Y desmienten posibilidades para lo cierto falible.
Y ni tan siquiera hacen un acto de amor
donde el mundo diga mundo
y donde el mundo diga posibilidad al hambre.
El oficio de la palabra,

esa ficción de un banderín sonoro que se perfila al vacío.
La palabra: ese cuerpo hacia todo lo que pudiera no ser.
La palabra: esos ojos abiertos para el que no ve la hora.
La palabra: crear presencias por el vértigo a uno mismo.
La palabra: crear presencias por el vértigo a una misma.
La palabra: estar conscientes de que en cualquier momento
la tierra se abrirá bajo nuestros pies.
La palabra: silencio de honor pisado a lo que quiso querer.
La palabra: esa parte más débil de nuestro ser.
La palabra…
La palabra...

LXVIII

Desfigurado por la resonancia
de frenéticas tormentas,
hablándome los desiertos
donde pálidas auroras palpitaron
entre lunas mortecinas,
veo los soles primitivos que intenté vivir a ciegas
y contemplo extrañado las adivinanzas
que escondí bajo la espesa penumbra.
Mis ojos han muerto,
se han cerrado gastados por los abismos de hielo.
Fueron los mismos abismos que me estimularon
entre locas visiones
y sueños de oscuro cristal.
Ahora habito en un críptico nicho,
en un espacio donde se arruinan las vidas.
Hace ya muchos inviernos que sellaron mi dimensión,
tan estrecha como la soledad infinita,
y mi mandíbula se desencaja cada vez que intento gritar.
Aquí la noche no tiene murciélagos
y el día es para los incansables llantos
de quienes despiden a los que,
al igual que yo,
viajan sin billete hacia la nada.
El reloj de oro con el que premiaron mis años de
esclavitud laboral,
quizá por estúpidas o simpáticas ironías del destino,
con él me enterraron,
pero tan solo marca las décadas de olvido que me vais
dando.

Los únicos que comparten esta penumbra junto a mí
son mis gusanos y Satanás.
Él me trae la heroína.
La esnifo, claro.
Entre tanto hueso no pillo vena
pero mi calavera mantiene la oquedad nasal.
Nos vemos pronto.
No traigáis nada.
Aquí, igual que ahí,
hay mucho mangui.
Nos desaparece hasta la piel
y a oscuras todos somos iguales.
Bueno, gilipollas, que os den.
No os fieis de nadie.
¡Viva el *rock and roll*!

LXIX

(Continuación de Proxémica, p.22)

(Continuación de Proxémica, p.22)

Si te supones capaz de gestionar los términos excluyentes de tu conducta y auténticamente te amas a ti mismo recuerda que los problemas comienzan ahí, en el uno mismo.

Aquí, tras tanto laberinto entre emociones y contrastes, nos estamos acercando al final de la obra, momento de retomar la intención inicial del trayecto con el devenir sobre la proxémica:

Llegado a este punto y si tengo en cuenta las palabras de Hermann Hesse cuando escribe que las fronteras de la vida las delimita su pensamiento, me pregunto: ¿tomamos un camino correcto al implantar sistemas de medida concluyente? ¿Se debe hablar de la proxémica como elemento de valores reales? Simultáneamente me respondo que sí y que no. He sido educado en sistemas con valores crípticos, muchos de ellos obsoletos hoy. Mi búsqueda interesada en una mayor libertad subjetiva me ha llevado a observar que no existe más distancia que la determinada puntualmente por nuestro cerebro.

Racionalmente creemos actuar bajo la experiencia de lo conocido y estamos interesados por qué descubrir. Son pautas establecidas en el laboratorio donde se han de producir las reacciones químicas inmediatas para la motivación del sujeto. Empíricamente, para la formación del conocimiento enfatizamos el papel de la experiencia ligada a la percepción sensorial. En ambos casos se parte de un mundo sensible para formar conceptos que encuentren su justificación y su limitación.

Estos vídeos con los que documento mi investigación —al final del libro pueden dejarse seducir por los enlaces que adjunto—, donde intervengo tanto racional como sensitivamente, podemos observar distintos estadios proxémicos.

¿Cómo reacciona el cerebro ante los acontecimientos? Diría que convenciendo, conmoviendo, convenciéndose y conmoviéndose.

Toda línea de transmisión implica un conductor. Una configuración que no solo sea capaz de producir y almacenar energía; también ha de trasmitir y ser receptor. ¿Cómo? En este caso que nos ocupa, la proxémica, a través de campo biomagnético que se forma por el potencial eléctrico que genera nuestra propiedad, recorre el sistema nervioso central y se amplifica en el cuerpo etérico o bioplasmático hasta lo inconmensurable. Solo hay mundos ignotos donde nuestros sentidos no alcanzan a reconocer para el raciocinio. Lo cierto es que nuestro sujeto, tal como dice la ciencia, está compuesto por agua para apresurar el viaje eléctrico que activará la reacción física motora y en sus impulsos produce ondas. Figuras medibles que, por sus características, en primera factura interaccionarán con el entorno que, a su vez, hará lo mismo con el propio para ir abriéndose como una onda expansiva que responderá en su evolución según las particularidades de cada unicidad con la que interaccione.

¿Cuánto tiempo tarda nuestro cerebro en adquirir conciencia de lo que ocurre a nuestro alrededor?

En este segundo vídeo, *Comunicaciones subjetivas*, Aruna Nisad y un servidor iniciamos la *performance* separados por un tabique, sin vernos pero con los sentidos agudizados para tratar de captar, intuitivamente, el proceso del otro. No partíamos de una idea concreta. El guion consistía en dejarse llevar por los impulsos preponderantes. Viendo ahora estas imágenes podemos apreciar que, ambos, vamos en la misma línea, exhibiendo cada uno las particularidades más propias de su condición cromosómica. Mi conducta, radicalmente yang, contrasta con la de Aruna absolutamente yin, pero, sin embargo, los dos estábamos ocupados en revelar nuestras características complementarias para llegar al apareamiento. Tanto es así que, sin medir palabras entre nosotros, sin que hubiera el más mínimo indicio de saber —digamos de una manera racional al estar separados por una pared— las pautas que individualmente nos guiaban, llevado por el impulso que me dictó la intuición acudí a ocupar como objeto subjetivo XY el espacio donde mi compañera creía desarrollar su subjetividad XX. En la muestra que observamos resulta obvio que obedecí al reclamo de la hembra, tal que ella, igualmente, empatizó con mi deseo. La acción siguió en su proceso hasta concluir en busca de intimidad saliendo de escena.

¿Se podría decir que nos guiaba la inducción convencional en el campo cercano de una corriente? He de contar que Aruna Nisad y yo formamos una pareja de hecho y nuestros cuerpos sutiles o dobles etéricos se reconocen a cualquier distancia. ¿Como si nuestros fotones tuvieran identificado el ADN del otro y permanecieran en perfecta alineación, sea cualquiera la distancia entre nosotros?

En el tercer video que presento, *perfomance* poética *Soñamos*, quise evaluar el efecto proxémico que se produce en la medida que me acerco o alejo del espectador. El escenario era semicircular, por lo que el público me rodeaba de frente y por mi derecha. Al salir reptando como si emergiera por un conducto vaginal, sin ver al observador y consciente de que sus sentidos estaban quietos en mí, hice un breve reconocimiento de cuál era mi estado ser-sujeto. Dada la práctica que como terapeuta tengo en este tipo de conmutaciones tan inmediatas, en desplazarme del cuerpo tonal al sutil, habiendo reconocido mi unicidad y dejándome llevar por las posibilidades comunicativas de mi cuerpo biomagnético, contacté con la energía que mi aparición escénica producía —desnudo y cubierto por una metafórica piel, plástico transparente fino que me oprimía— en la objetividad del espacio. Aprecié que solo había subjetividades. No teniendo que confrontarse, el público, con mi mirada, en lugar de conectarse a mi exposición intelectual, lo hacían con sus fantasmas, no todos liberadores. En el aura de la sala había inquietud, sorpresa y curiosidad. Parecía que mi performance tuviera el fin, para ellos y ellas, de activarlos en un viaje interior de recuerdos y análisis comparativos con la imagen de la acción, más que con su contenido. Fueron emociones que me recorrieron sin ser mías. Están las culturas mesoamericanas, donde la tradición chamanística es muy común, que podrían explicar perfectamente estos fenómenos de percepción.

El cuerpo humano es un conductor electrostático, con una capacidad típica respecto a tierra de unos 150 picofaradios y un potencial de hasta 30 kV. Las personas somos conductores aislados y producimos luz. Una vez que hayamos aprendido a observarla —a ver desde la segunda atención diría el chamán— y a tocarla, seremos conscientes de cómo el concepto distancia desaparece. Las partículas de la luz son visibles y palpables; solo precisamos un ligero entrenamiento para aprender a reconocerlas. ¿Y con los ríos, lagos y mares que conforman nuestro organismo? ¿Qué ocurre, entre otras maniobras, con ese enorme porcentaje de agua que atesoran nuestros millones y millones de células? Cito el trabajo del fotógrafo Masaru Emoto *El mensaje del agua*, donde muestra cómo las partículas del elemento líquido varían de putrefactas a sanadoras según el tipo de energía que perciban. La vida se hace por la configuración de conductas energéticas que se enlazan.

Y si somos luz, colores puros o monocromáticos que surgen como consecuencia de nuestros niveles de energía, y si somos agua, vapor con hidrógeno y oxígeno que exhalamos a través de las oquedades de nuestra carnalidad porosa, y si somos propósito, voluntad generada desde la propia existencia, ¿quiere decir que esta tríada nos convierte en partículas de una masa que, cuando menos y como parte que formamos de una fuerza superior, algo de nosotros puede ser desplazado a la misma velocidad de la luz? Según el catedrático español de física Antonio Ruiz de Elvira no podemos mover nada a más velocidad que la luz porque lo único capaz de mover una partícula con masa es otra fuerza que vaya justamente a esa velocidad.

Existen muchas hipótesis y teorías por investigar en torno a la posible velocidad que pueda alcanzar nuestro cerebro racional o consciente. También hay muchos terapeutas que, tras situarse en los planos de su conciencia inconsciente, practican sanaciones por una vía que parece capacitar sus cerebros para llevar la misma conducta de los electrones en su desplazamiento orbital alrededor del núcleo. Instantáneamente desaparecen de una órbita y aparecen en otra, circunstancia que la física define como «salto cuántico».

¿Y dónde queda la proxémica? Las ondas que producimos, sin duda más delatoras que la palabra o el gesto, al margen de la velocidad de desplazamiento y de la masa o el no-vacío que atraviesen, desde el momento que comienzan a generarse ya están contactadas con las adyacentes, entre las que sin duda se encuentran las de nuestro interlocutor. Quiere decir que, antes de que intervenga la interpretación con la que expresemos nuestras percepciones ya manufacturadas, en esos instantes en los que se fragua la estrategia a seguir con el otro u otros, podemos tomar dos caminos: transcender con los sentidos de la razón —nuestra subjetiva intelectualidad—, lugar en que la proxémica entra como herramienta de análisis, o intervenir desde los elementos de nuestra configuración más primaria, luz, agua y propósitos.

Cuando me deshice del envuelto y afronté al público, antes de observar sus miradas quise hacer un reconocimiento de los cuerpos mediáticos, cuyo componente es el aura para captar su atención desde el plano ingénito, que es el plano de los componentes energéticos que están dentro de los límites del cuerpo físico. De esta manera, valiéndome de sus canales de luz e interviniendo con los míos, si mi voluntad fijaba la atención sobre el aura del espectador más alejado, el efecto que producía con mi representación en él, interpretado según las tonalidades de su espectro eléctrico, era exactamente igual al que se producía en el asistente más expuesto a mi cercanía.

El hecho de venir adiestrándome a estar presente con la conciencia ante sí misma me permite una cierta dualidad o separación en el interior de la conciencia. La mejor instrucción de uno mismo se logra cuando nos observamos con una cierta distancia.

La proxémica es vía de autoconocimiento. Sabiendo dónde estoy conozco si tengo que regresar.

Estamos muy anclados en el reconocimiento de la intelectualidad, por lo que, en contra de nuestras facetas emocionales, tendemos a priorizar su presencia en las relaciones sociales para garantizarnos una posición. Vuelvo a citar a Sartre por sus palabras: «El hombre no tiene ser, por lo que sólo le cabe hacerse y ser aquello que ha querido ser».

El hombre sí tiene ser, desde el momento en que se fecundó. Un ser inconsciente aún, sí, pero ser. Y mientras se va haciendo, ya está siendo lo que ha querido ser. Se va moldeando según las condiciones genéticas heredadas y las emociones que perciba a través del vientre materno. Luego, en el aprendizaje consciente seremos mediáticos y evolucionaremos según la cultura y condiciones económicas que nos rodeen. Algunos empeñarán la vida especializándose en algo de aquello que, para su idealizado disfrute, eligieron aprender de sus mayores y maestros. Pero, si somos mediáticos y conscientes de nosotros mismos a la vez, ¿esta presencia de la conciencia a sí misma y a la ajena no es un rasgo básico del para sí y desde el otro?

¿Qué percibo cuando te acercas y qué emito cuando te consiento o me acerco yo? ¿Y si estamos situados a dos metros o tres, ya sea de frente o espaldas, hablando o no?

A la primera pregunta le faltan los posibles factores que intervienen en el encuentro, como el clima, la hora, el estado emocional y el hormonal, los biorritmos, las preocupaciones, el deseo o no del encuentro, etc. Así que solo puedo considerar un factor el viaje interior que me ocupe en ese momento y que me lleve a pensar en que lo primero que percibo de ti pudiera ser lo que creo que tú verás de mí, lo que yo voy viendo. De ahí que gran parte de la sociedad niegue la telepatía. ¿No será por miedo? Nuestras neuronas obedientes al pensamiento viajan, las más rápidas a unos 300 km/h. La telepatía se transmite de espíritu a espíritu. Es una comunicación instantánea que no considera el espacio-tiempo.

Vuelvo a preguntar cuál es la velocidad de la percepción extrasensorial. La velocidad del espíritu, dice la autora Graciela Bendi, contra la del pensamiento no tiene límites. Su velocidad traslativa es infinita de acuerdo con su perfección.

Así que concluyo haciendo énfasis en la conveniencia de eliminar las distancias humanas que establece el pensamiento y hagámonos prácticos en actuar con el espíritu. Donde no caben mentiras, entresijos ni tramoya.

Donde aquí es allí y viceversa.

LXX

Luz
Luna azul
Luna del esturión
Es el camino de la transformación
Transmutaron en paz mi dolor y rabia
Luego escribí una carta y se la di al fuego
Dibujé tu nombre en la arena y lo borró el mar
Hice un hatillo de emociones y se lo entregué a la luna
Hice un hatillo de emociones y se lo entregué a la luna
Dibujé tu nombre en la arena y lo borró el mar
Luego escribí una carta y se la di al fuego
Transmutaron en paz mi dolor y rabia
Es el camino de la transformación
Luna del esturión
Luna azul
Luz

A Chupete

EPÍLOGO

Ramón G. del Pomar vuelve de andar un camino que podríamos denominar de autoconocimiento, este toma materia en *Proxémica*, un libro que invita (a quien ya lo ha leído) al revisitamiento de los dogmas, de aquello que ha sido dictado por los otros y que pretendidamente «es o debe de ser así», limitando al ser libre. En este caso, no se trata de una invitación superficial ni forzada que podría arrojar la escritura de quien no ha vivido, de quien no ha hecho la ardua labor de escudriñar dentro de sí mismo, con todos los dolores, derramamientos y sinsabores que implica el acto.

Quizá uno de los grandes riesgos que corre quien ha leído *Proxémica*, es que, en el mejor de los casos, un ligerísimo, tenue velo, comience a descorrerse a partir del hililló de alguno de los múltiples cuestionamientos que plantea. El más importante de ellos es el de la relación con el otro, y la pregunta fundamental es: ¿quién es este al que solemos llamar otro?... y ¿quién es el uno? Tan acostumbrados a los sentidos y a la limitación que presenta la idea de la materia, hemos creído que la única vía posible de contacto y de comunicación resulta a partir de lo que se ve, lo que se mira, lo que se toca y escucha o el único sentido del tacto en sus variantes. Como sea, ya advertía Einstein que «La realidad es simplemente una ilusión, aunque una muy persistente», como lo son el tiempo y la materia, conceptos tan característicos de esta construcción, recordemos al divino Salvador Dalí, que en su autobiografía afirma que «poseemos la clave para vivir en el secreto del alma del mundo. Pero hemos olvidado los caminos de la verdad». La vía para acceder al milagro constante y cotidiano es únicamente a través de la des-razón, donde desaparecen el tiempo, el espacio, y las pretensiones materiales. ¿Es verdaderamente la material palabra la mejor vía de comunicación o la entorpece? ¿Cuáles son las otras lenguas, las otras rutas más efectivas?

En su escritura, resultado de su propia búsqueda e indagaciones, el autor remite continuadamente a territorios cenagosos, a la desesperación aparente de quien busca levantar la cabeza para respirar un poco, para desprenderse de todo aquello en que se halla inserto buscando paz y redención, pero también (porque conecta con esta sabiduría) a algunos de los grandes principios de la filosofía hermética. La suya es una escritura a la que también acuden revelaciones de manera constante, e incluso podemos leer un último símbolo en la escritura del poema de cierre de *Próxémica*, que concentra otra gran clave: «como es arriba es abajo». De este modo, en la inversión, la cima es también fondo y viceversa, para ascender es preciso el descenso, también el fin es eterno comienzo.

Quien escribe (en tiempo presente) se nos ofrece en la escritura y los espacios en blanco como un niño, un niño desnudo como representación de la ingenuidad, la pureza y el principio del juego que precisa la creación literaria, y que también demanda el flujo de la existencia continuada. Desde este principio emergen múltiples conversaciones, múltiples escenarios, múltiples voces que nos hablan a lo largo de *Proxémica*; una de estas pareciera dirigida hacia sí mismo, sí mismo como representación de la humanidad, al «otro» como representación de la humanidad, e incluso hay momentos en los quien toma la palabra parece ser una consciencia que puede insertarse en lo humano pero que se encuentra más allá y que permite la mirada de reconocimiento. Es decir, la autoconsciencia. Es ahí donde conecta con el otro–sí mismo, el otro-lo femenino, consciente de su propia "existencia" y que también le permite una fundición, una integración con aquello «otro» que ya no resulta ajeno ni distanciado.

Ciertamente, Ramón G. del Pomar nos ha invitado a asistir a un acto genuino de quien descendiendo asciende tras haberse destrozado las garras, el pico y las alas en un proceso de renacimiento que, muy seguramente, ya ha tenido comienzo para el convidado.

Buen viaje.

S. Brenda Mitchelle

AGRADECIMIENTOS

Gracias a Marisa Quintana, siempre en mi alma.

A mi inigualable luz, Ángela Iglesias Florez.

Gracias a mis hermanas y maestras desde que vine ganando corporeidad en la cuna, Maria Teresa de las Begoñas, Amal María de los Ángeles y Yolanda Guillermina.

A mi hermana de vida y sirena perenne en Cabo Roncudo, Julia Ures Villar —del colectivo Ponteceso Cultura Permanente, (P.C.P)—.

A mi siempre querida familia materna San Emeterio y a los paternos García del Pomar.

Proxémica.
Las distancias humanas que establece el pensamiento

Comunicaciones subjetivas

Soñamos

ÍNDICE

Este libro se terminó de editar en Granada
en febrero de 2025 por

www.aversopoesia.com
hola@aversopoesia.com